Escritura expuesta, comunicación y espacio en la Murcia del Renacimiento

Escritura expuesta, comunicación y espacio en la Murcia del Renacimiento

Rodrigo José Fernández Martínez

series
minor

Universidad de León
2024

Fernández Martínez, Rodrigo José

Escritura expuesta, comunicación y espacio en la Murcia del Renacimiento /
Rodrigo José Fernández Martínez. – [León] : Universidad de León, Servicio de Publicaciones, 2024.
125 p. : il., fot., gráf.,mapas, tablas col. ; 24 cm. – (Series Minor)
Bibliogr.: p. 115-125
ISBN 978-84-19682-63-5
    1. Paleografía-España-Murcia (Provincia)-Siglo 16ª. 2. Inscripciones latinas-Siglo 16º. I.
    Universidad de León. II. Título. III. Serie

930.27(460.33)"15"
003.344.071(460.33)"15"

De acuerdo con el protocolo aprobado por el Consejo de Publicaciones de la Universidad de León, esta obra ha sido sometida al correspondiente informe por pares con resultado favorable.

Este libro se publica en el marco del proyecto de investigación Corpus Inscriptionum Hispaniae Mediaevalium, concedido por el Ministerio de Ciencia, Innovación y Universidades (PID2019-104395RB-I00) del que es investigadora principal Dra. María Encarnación Martín López , profesora titular de la Universidad de León.

© UNIVERSIDAD DE LEÓN
© Rodrigo José Fernández Martínez
    I.S.B.N.: 978-84-19682-63-5
    Depósito Legal: DL LE 327-2024
    Diseño, maquetación, y tratamiento digital de las imágenes: David Aller Llamera
    Imprime: Lozano impresores
    Impreso en España / *Printed in Spain*
    Septiembre 2024

Contenido

PRESENTACIÓN

Pocas ocasiones se tiene de encontrar un estudio detallado sobre la comunicación publicitaria (o epigráfica, como se quiera llamar) dedicada a una época tan compleja como el Renacimiento en el siglo XVI. Esta obra que se presenta ante el lector, aficionado o investigador, no defrauda por su detallado trabajo y su redacción cuidada. En esta obra el autor nos sumerge en el mundo de la comunicación y la publicidad en Murcia durante el periodo que se dilata desde los últimos años del reinado de los reyes católicos hasta el imperio de Felipe II.

Partiendo del ambiente y el contexto social en que se producen los mensajes y las necesidades comunicativas se adentra en las estrategias comunicativas y su materialidad.

Se trata de un estudio novedoso por la escasez de análisis en este campo para una región como la murciana y que sorprende a expertos y curiosos.

Este libro es el segundo de la colección Series Minor que tan buena acogida ha tenido en su primer volumen dedicado de los talleres epigráficos escrito por Elisabeth Menor. De nuevo se trata de una obra muy específica y que no defrauda ya que lo que expone en su título es la clave de lo que encontramos en sus páginas.

La dinámica que caracterizó a la producción bajomedieval, desarrollada en su mayor parte por talleres ocasiones y ligados a la producción artística de fuera de la región, consolida unas tendencias que van a reproducirse en la epigrafía del Renacimiento y que se analizan detalladamente. A través de esta colección epigráfica se puede seguir paso a paso la evolución de la escritura hacia nuevos modelos y formas de estructurar un mensaje publicitario. A medida que avanza el siglo la producción epigráfica busca nuevos espacios para exhibirse en busca de audiencias más amplias y plurales. Las pequeñas ciudades se suman al consumo de la escritura expuesta lo que determinará y definirá las características y particularidades de la epigrafía murciana.

Un trabajo magnífico donde su autor demuestra la madurez científica como investigador, alcanzada a lo largo de sus años de formación y que bien merece nuestro tiempo y atención.

María Encarnación Martín López
Coordinadora de la colección CIHM

1. INTRODUCCIÓN

«Si la epigrafía es la ciencia de los epígrafes y la esencia del epígrafe es la escritura, es evidente que la escritura es el objeto esencial de la Epigrafía. Proclamar esta consecuencia como principio fundamental de esta disciplina es tanto como romper sus moldes tradicionales»[1]. Con esta rotundidad fraguaba Joaquín M.ª de Navascués, catedrático de epigrafía y numismática en la Universidad Complutense de Madrid, las bases para para una auténtica revolución epistemológica en una disciplina que, por el momento, fundamentaba la definición de su objeto de estudio en una imprecisa descripción material.

Más de 70 años después, la epigrafía se erige como una ciencia histórica dinámica y autónoma con una metodología consolidada en el estudio integral de la inscripción y que traspasa las fronteras cronológicas autoimpuestas. Entre sus principales líneas de investigación, y en conexión con la proclama de Navascués, el estudio de la evolución de la escritura destaca como uno de los campos más prolíficos en producción científica, especialmente para el periodo medieval. Y a pesar de ello, son todavía múltiples las incógnitas que se plantean en el horizonte, sobre todo en lo que respecta a las inscripciones del Renacimiento y de la primera Edad Moderna, periodo en el que se enmarca el trabajo que presentamos en estas líneas. La escritura de las inscripciones en la Península Ibérica experimenta profundas transformaciones desde la Baja Edad Media que van a consolidarse y desarrollarse en el siglo XVI.

El estudio que presentamos en esta monografía aspira a adentrarse en el análisis de la escritura expuesta durante esta centuria casi inexplorada para la epigrafía

---

1   Cita extraída de la memoria presentada a la oposición de la cátedra en el año 1949. NAVASCUÉS, 2019: 77.

a partir del estudio específico del conjunto epigráfico de la Región de Murcia. Los resultados que se presentan en ella se extraen de la tesis doctoral defendida en la Universidad Complutense de Madrid "Las inscripciones de la provincia de Murcia (siglos XIII-XVI)", realizada con la financiación del subprograma Estatal de Formación: Ayudas para contratos predoctorales y Formación del Profesorado Universitario (FPU) del Ministerio de Universidades (convocatoria 2017) y cuyos resultados ya se han publicado parcialmente en el marco del proyecto *Corpus Inscriptionum Hispaniae Mediaevalium*[2]. Sin embargo, para elaborarla no nos limitamos a reproducir los apartados dedicados al siglo XVI de aquel estudio, sino que el texto que aquí presentamos es el resultado de una reinterpretación de aquellas reflexiones originales, enriquecidas con las aportaciones de los miembros del tribunal evaluador y reestructuradas para facilitar su divulgación.

De su título, *Escritura expuesta, comunicación y espacio en la Murcia del Renacimiento* se extrae la estructura de este trabajo y sus objetivos principales. Ofrecemos aquí un análisis paleográfico exhaustivo de la escritura de las inscripciones de la provincia de Murcia durante el Renacimiento, un conjunto que nos permite abordar las principales problemáticas que el estudio de la escritura plantea para este periodo, a la vez que nos abre nuevos horizontes de investigación que, sin duda alguna, ofrecerán fructíferos resultados en el futuro. Este estudio, desarrollado atendiendo a cada una de las tipologías escriturarias de manera individual, nos permite definir las líneas en las que pervivió el contexto de multigrafismo relativo disorgánico en las inscripciones murcianas durante este periodo en el que la escritura se consolida como un elemento publicitario más al servicio de los objetivos de comunicación planteados por sus autores.

La comunicación es el segundo elemento que protagoniza nuestro estudio. Las inscripciones, estudiadas de forma integral, son ante todo un vehículo para la difusión de cuestiones jurídicas, hechos históricos, propaganda, ideas, cultura, fe, etc. En un periodo en el que las ciudades se convirtieron en «un territorio colonizado por toda suerte de señales»[3] resulta extremadamente oportuno analizar el papel que la escritura expuesta ocupó para la sociedad que las habitaba, especialmente por el uso que hicieron de ella las renovadas instituciones para hacerse presentes ante su comunidad política[4]. De este modo, abordamos el estudio de los objetivos que sus autores perseguían a través de ellas, la identidad social de aquellos que participaban en el hábito epigráfico y su relación con los mensajes

---

2   FERNÁNDEZ MARTÍNEZ, 2024.

3   CASTILLO GÓMEZ, 2022: 379.

4   PETRUCCI, 1980: 11.

comunicados, la forma en la que se difundieron estos mensajes e interpretamos la forma en la que estos eran recibidos por la sociedad.

Todas estas cuestiones son analizadas, como no podía ser de otro modo, desde una perspectiva contextual. El espacio en el que se desarrolla la actividad epigráfica y sus características moldean la forma en la que esta se desarrolla. Determinar el modo en el que esto ocurre en un territorio con unas características sociopolíticas tan particulares es de especial interés para comprender el modo en el que se manifestó el hábito epigráfico, permitiéndonos trazar las similitudes y diferencias con otros territorios peninsulares.

La narración de este estudio se presenta de forma inversa a cómo ha sido realizado, desde fuera hacia dentro. Partiendo del ambiente y la organización espacial de la actividad epigráfica, nos adentramos en la comunicación y las estrategias que ésta articula en él para, finalmente, analizar su materialidad expresada a través de la escritura. En definitiva, presentamos aquí las conclusiones más innovadoras de nuestra tesis de doctorado con el objetivo de iniciar humildemente un nuevo camino en la investigación que extienda al periodo moderno los extensos avances acometidos en el campo de la epigrafía medieval liderados por los investigadores del proyecto *Corpus Inscriptionum Hispaniae Mediaevalium*.

Haber podido formar parte de este grupo heterogéneo de profesionales y colaborar estrechamente con ellos ha sido un factor de éxito para la conclusión de este estudio. Especialmente merecen ser nombradas en agradecimiento su actual directora, Encarnación Martín López, por los constantes ánimos y apoyo incondicional brindado durante este proceso, y Natalia Rodríguez Suárez, profesora en la Universidad Complutense de Madrid, por el tiempo y el sufrimiento compartido en numerosos encuentros y con quien he disfrutado en enriquecedores debates sobre la escritura y su evolución en el periodo del estudio. Finalmente, mi director de tesis, José María de Francisco Olmos, con quien el tiempo compartido durante estos años llenos de aprendizaje ha sido completamente enriquecedor. Su personalidad resolutiva ante toda circunstancia, su infinito conocimiento sobre absolutamente cualquier cuestión y sus consejos le convierten en el verdadero coautor de este trabajo.

2. ESPACIO

1. Espacio temporal. De los Reyes Católicos a Felipe II en la Murcia del Renacimiento

El reinado de los Reyes Católicos representa un cambio de paradigma en las dinámicas políticas castellanas que repercutió de manera especial sobre las particularidades del contexto murciano. La unión matrimonial entre la reina castellana y el soberano de Aragón y la iniciativa militar que dirigieron contra el reino de Granada, que culminó en su definitiva conquista el año 1492, borró las causas que habían bloqueado el desarrollo económico y demográfico del sureste. Además, la política de afianzamiento de la autoridad real, que vio su máxima expresión en la promoción de obispos cercanos a la corona y en los intentos por mediatizar y controlar el poder del adelantado mayor[5], apaciguaron los recurrentes conflictos entre los miembros de las oligarquías urbanas que habían caracterizado a la centuria anterior y posicionaron a la monarquía como garante de la seguridad en el reino.

El nuevo contexto del territorio facilitó el desarrollo de un flujo constante de migraciones dirigido hacia los núcleos de población ya existentes en el sureste y estos vieron como aumentaba su superficie urbana a través de nuevos arrabales amurallados[6]. La llegada sin precedentes de pobladores desde las inmediaciones manchegas ofrecía una cuantiosa mano de obra que permitió revitalizar la economía de la región a través de diferentes acciones: la intensificación de la actividad agrícola y, especialmente, ganadera en el interior; la introducción de la producción de seda en la huerta de Murcia; la expansión de la producción de

---

5   En el año 1482 moría el adelantado Pedro Fajardo, quien había ejercido una soberanía casi absoluta sobre las ciudades del reino de Murcia y conformado un importante mayorazgo para su linaje. Su primogenitura, sin embargo, había recaído en Luisa Fajardo y los Reyes Católicos abordaron el matrimonio de la heredera del adelantado como una cuestión de Estado y una oportunidad para situar a la cabeza del entramado de poder murciano a una persona de máxima confianza. Juan Chacón, hijo del señor de Casarrubios del Monte y contador mayor de Castilla, Gonzalo Chacón, fue el elegido para gestionar el mayorazgo de los Fajardo, garantizando la continuidad del apellido, y controlar el adelantamiento sin cuestionar la autoridad monárquica. Si bien, aquel matrimonio, además, vino acompañado de la fundación del mayorazgo Fajardo que garantizaba la pervivencia del patrimonio conformado por los adelantados y que, a comienzos del siglo XVI, se transformaría en el marquesado de los Vélez. Véase FRANCO SILVA, 1995: 51-70.

6   RODRÍGUEZ LLOPIS, 2008: 149-150.

manufacturas locales que fueron monopolizadas por los gremios urbanos; y la recuperación de la actividad extractiva de alumbre en las minas de Mazarrón, propiedad compartida entre los marqueses de Villena y de Vélez. La reactivación económica del reino benefició al patriciado urbano y a la nobleza local y facilitó la llegada de nuevas familias foráneas, con una especial importancia de los grupos de procedencia italiana[7], que potenciaron la actividad comercial en la capital del reino y se introdujeron y mezclaron en las élites de poder regional bajo el amparo y la protección del adelantado.

Durante la Baja Edad Media, en los núcleos de población se habían conformado cerrados grupos nobiliarios terratenientes que consolidaron su poder político a través de la patrimonialización de las instituciones concejiles. Las propiedades que poseían estas familias en los regadíos murcianos les permitieron enriquecerse al calor de la expansión económica, pero en este nuevo contexto habrían de rivalizar por el poder político con los nuevos linajes foráneos. Estos nuevos grupos asentados en las ciudades contaban con un creciente poder económico y político, incentivado por la propia monarquía a fin de reducir el dominio que las familias de la vieja oligarquía local ejercían sobre las instituciones de poder, y terminarían enfrentándose a ellas para controlar las amplias atribuciones que poseían en los concejos[8].

La expansión demográfica y económica no tardó en verse reflejada en la fisionomía urbana de los principales núcleos de población que, además de expandirse, se adaptaban a las necesidades y a los gustos de la nueva sociedad del Renacimiento. Algunos de estos núcleos urbanos, especialmente la ciudad de Murcia, habían experimentado incipientes transformaciones en su fisionomía durante el siglo XV, pero es en la centuria siguiente cuando van a reconfigurarse según los nuevos patrones artísticos.

La capilla de los Vélez, patrocinada por el adelantado Juan Chacón y concluida por su hijo Pedro Fajardo, inaugura un nuevo periodo en la arquitectura murciana. Construida según modelos góticos, con una planta poligonal cubierta de una bóveda estrellada y comparable en muchos aspectos a las capillas de Álvaro de Luna en Toledo y el Condestable en Burgos. Su construcción se ha atribuido a un taller arquitectónico foráneo[9] y se concluyó en la primera década del siglo XVI, ofreciendo a la ciudad su primera obra monumental como símbolo de la posición privilegiada y máxima autoridad que encarnaban el adelantado y el linaje Fajardo. Tras ella, se sucedieron numerosas edificaciones destinadas a em-

---

7   MOLINA MOLINA, 1976: 277-312.

8   Véase RODRÍGUEZ LLOPIS, 2008: 185-195.

9   BELDA NAVARRO Y HERNÁNDEZ ALBADALEJO, 2006: 96-99.

bellecer y proporcionar a la sociedad murciana infraestructuras arquitectónicas y nuevos espacios urbanos abiertos que sustituyeran a las anteriores plazas militarizadas siguiendo los esquemas del Renacimiento. El urbanismo se puso al servicio del pensamiento humanista y a la búsqueda del equilibrio y la armonía sobre el caótico y precario urbanismo heredado del periodo bajomedieval. Este cambio paradigmático repercutió definitivamente en el modo de producción epigráfica que venía practicándose en el reino, generando nuevos espacios donde exhibir y comunicar a través de las inscripciones que, efectivamente, también se adaptarán a los nuevos patrones estilísticos.

Durante la primera mitad del siglo XVI el Renacimiento se abrió paso lentamente gracias a la promoción artística desarrollada por las nuevas élites locales y posicionó a Murcia durante toda la centuria como un interesante centro de producción artística y foco de atracción de maestros valencianos e italianos que se desplazaban e instalaban sus centros de trabajo en ella. Las obras de la Catedral de Murcia, una vez más, se convirtieron en el principal reclamo para activar la economía local y dinamizar la construcción de espacios religiosos monumentales en otras ciudades del reino. En su fábrica se instalaron artistas foráneos que conformaron un taller profesional y trabajaron al servicio de los grandes programas arquitectónicos de la centuria. En aquel contexto destacaron figuras como Jacobo Torni o Florentín (*L'Indaco*) y Jerónimo de Llanos como maestros mayores. Su prolífica labor llevó la arquitectura renacentista[10], en su máxima expresión, hasta las Iglesia de Santiago en Jumilla, Santa María del Salvador en Chinchilla, la Colegiata de San Patricio en Lorca, el Salvador en Caravaca o la Catedral de Orihuela.

Además de los núcleos urbanos en expansión, la red de poblamiento murciana estaba conformada por pequeñas aldeas de población mudéjar diseminadas en el territorio y dedicadas a la explotación agrícola en régimen enfitéutico. Esta población, muy empobrecida y sometida a una elevada presión fiscal y jurídica, se vería obligada en 1501 a convertirse al cristianismo[11] lo que propició la fundación de nuevas parroquias en el medio rural. Los nuevos edificios destinados al culto reproducían el modelo de edificaciones sencillas de cantería y sistema de cubierta mediante armadura de madera[12], destacando ejemplos como la Ermita de la Con-

---

10   LÓPEZ GONZÁLEZ, 2013: 142-167.

11   La población mudéjar aceptó la conversión con la esperanza de ver mejoradas sus condiciones de vida, pero los propietarios de los señoríos que habitaban no estuvieron dispuestos a renunciar a las ventajosas condiciones a las que les tenían sometidos, convirtiendo estas aldeas en un nuevo escenario de conflictividad social durante el siglo XVI. Véase MOLINA MOLINA, 2014: 187-202.

12   Esta tipología de edificación no fue empleada con exclusividad en las aldeas moriscas, sino

cepción de Cehegín, la iglesia de San Onofre en Alguazas o la iglesia de San Andrés en Mazarrón. Algunos de estos núcleos rurales en expansión durante el siglo XVI también fueron escenario de una reducida y ocasional actividad epigráfica, adaptada a las condiciones y necesidades de su sociedad como más adelante analizaremos.

Sin embargo, a pesar del desarrollo y la expansión protagonizada durante las primeras décadas del siglo XVI y las reformas en las estructuras de poder introducidas por los Reyes Católicos la conflictividad y, sobre todo, las disputas internas entre las oligarquías urbanas se vieron reavivadas durante el reinado del emperador Carlos V. Estos enfrentamientos alcanzaron su punto álgido en el contexto de las revueltas comuneras[13] y se cronificarían ante la introducción de nuevos grupos sociales procedentes del exterior. El principal foco de conflictividad durante esta centuria seguía vinculado a la frontera aragonesa y se desarrolló sobre la anacrónica jurisdicción eclesiástica que extendía el obispado de Cartagena hasta el territorio alicantino. Estos espacios socialmente emancipados del entramado de poder murciano continuaban siendo una fuente de recaudación para el obispo cartaginense al tiempo que eran sistemáticamente desplazados de los repartos diocesanos, protagonizando una intensa conflictividad que no fue definitivamente resuelta hasta 1564 mediante la erección del obispado de Orihuela[14].

La costa también se mantuvo como un foco de peligrosidad, especialmente ante los numerosos conflictos que la Monarquía Hispánica iba a protagonizar contra los otomanos en el Mediterráneo. Los núcleos de población situados en la costa, empero, no quedaron exentos del desarrollo demográfico que toda la región había experimentado y resolvieron los problemas de seguridad gracias a los programas de fortificación del litoral dirigidos por la monarquía y la organización de milicias defensivas[15]. En este contexto, Cartagena se posicionó como puerto militar destacado y recibió desde la monarquía, tras mediar la centuria,

---

que su practicidad y economicidad propició que se reprodujeran estos modelos en todas las poblaciones rurales BELDA NAVARRO Y HERNÁNDEZ ALBADALEJO, 2006: 159.

13   En el reino de Murcia las revueltas comuneras se manifestaron como un levantamiento de grupos heterogéneos y privados de la participación en el gobierno que optaron por apoyar al emperador Carlos V como medio para contrarrestar y aislar el poder que continuaba ejerciendo sobre ellos el adelantado Pedro Fajardo y Chacón y el resto de las oligarquías nobiliarias. Véase JIMÉNEZ ALCÁZAR, 2000: 33-42.

14   Sobre el complejo y lento proceso de construcción de la diócesis de Orihuela véase CAÑIZARES GÓMEZ, 2021: 465-502.

15   MONTOJO MONTOJO, 1993: 33.

empresas destinadas a su monumentalización y, sobre todo, a ampliar y reforzar sus sistemas defensivos[16].

Durante el siglo XVI, las dinámicas políticas del reino de Murcia quedaron totalmente integradas en los procesos históricos que afectaron a la Monarquía Hispánica en su conjunto, como consecuencia de unas instituciones y élites urbanas completamente mediatizadas por la Corona. Finalizada la rebelión comunera, el cuerpo social que componía el patriciado urbano que se había apropiado de las instituciones de gobierno en los principales núcleos de la región vio reforzada su autoridad, haciéndose con el control definitivo de las instituciones concejiles y posicionándose junto a los intereses de la monarquía frente a un adelantado mayor cada vez más distanciados de la vida política del reino[17]. Estas familias reforzaron sus propiedades conformando mayorazgos para garantizar su hegemonía económica y social.

Las jerarquía eclesiástica, a pesar del conflicto con los territorios alicantinos y su definitiva desmembración a mediados de la centuria, mantuvo siempre una posición hegemónica en el entramado de poder murciano. El cabildo de la Catedral de Murcia mantuvo su posición como gran propietario en la huerta de la ciudad y a él se incorporaría en esta nueva centuria la Colegiata de San Patricio en Lorca como institución terrateniente en la región. El poder económico y político que ejercieron estos órganos de gobierno eclesiástico los convirtieron en escenario de importantes disputas de poder entre sus miembros más destacados, especialmente durante la primera mitad de siglo, cuando personalidades políticas como Gil Rodríguez de Junterón, aprovecharon las permanentes ausencias de los obispos para ampliar sus cotas de poder[18]. La reforma de Trento vendría a revocar esta situación y los episcopados de la segunda mitad del siglo XVI se caracterizaron por un férreo control del cabildo por obispos con una marcada personalidad, como Esteban de Almeida o Sancho Dávila[19].

El crecimiento experimentado en la primera mitad del siglo fue deteniéndose lentamente al mediar la centuria al ritmo que se reducía el interés de la corona y del adelantado por un territorio de escasa relevancia política y económica en el conjunto de la monarquía. Las oligarquías locales tampoco tuvieron la capacidad de hacer frente a las nuevas inclemencias que padecerá la región, manteniendo siempre un carácter periférico y, en definitiva, dependiente de las dinámicas supraterritoriales.

---

16   Véase LÓPEZ SALMERÓN, 2017.

17   RODRÍGUEZ LLOPIS, 2008: 224-227.

18   IRIGOYEN LÓPEZ, 2001: 329-342.

19   OLIVARES TEROL, 2003: 47-65.

2. EL PAISAJE EPIGRÁFICO. ANÁLISIS CONTEXTUAL DE LA EPIGRAFÍA RENACENTISTA MURCIANA

El concepto de paisaje epigráfico[20] aborda el estudio de las inscripciones desde una perspectiva espacial más amplia y diferente al estudio de su emplazamiento, entendido este como uno de los elementos funcionales[21]. De este modo referimos a la distribución territorial de los epígrafes que componen un conjunto y al modo en el que el contexto influye sobre sus peculiaridades formales y de contenido. Los rasgos del espacio geográfico en el que se emplazan, la definición de un ambiente rural o urbano, la proximidad de los recursos, la presencia de un tejido productivo en la región, el contacto con otros centros de producción más dinámicos o la disponibilidad de espacios donde publicitar mensajes son algunos de los elementos que definen un paisaje epigráfico. Sobre él, por tanto, influyen aspectos sociales, políticos y económicos que, además, quedan fuertemente influenciados por la tradición de periodos anteriores en los que se consolidaron lugares donde exponer las inscripciones o arraigaron centros de producción encargados de materializarlas.

Abordar el estudio del contexto en el que se materializaron y exhibieron las inscripciones es, consecuentemente, una tarea obligatoria para el epigrafista. En estas páginas interpretamos el paisaje epigráfico del Renacimiento murciano reduciendo progresivamente la escala, analizando la distribución espacial de las inscripciones, la interacción de las condiciones contextuales sobre su forma y, finalmente, abordando el estudio de los emplazamientos donde se exhibieron y su conexión con la sociedad que las consumía.

El sureste peninsular, a pesar de la recuperación económica y demográfica que experimentó desde las últimas décadas del siglo XV, había heredado las características propias de un espacio periférico y alejado de los principales centros culturales del periodo. La producción epigráfica durante el Renacimiento experimentó un crecimiento cuantitativo y cualitativo respecto al periodo inminen-

---

20   Giancarlo Susini introdujo el concepto de paisajes epigráficos para referir a la influencia que el ejerce el espacio que rodea a la inscripción y su emplazamiento, pero también a la coherencia formal de los conjuntos epigráficos en un territorio concreto, determinada por los recursos disponibles para su ejecución, el tejido productivo existente, las dinámicas sociales determinadas por el territorio, etc. SUSINI, 1982: 17.

21   Vicente García Lobo y Encarnación Martín López definieron a estos elementos como «aquellos que confieren a la inscripción su especial carácter de medio de comunicación publicitaria» GARCÍA LOBO Y MARTÍN LÓPEZ, 1995: 40.

temente anterior, caracterizado por unas condiciones de elevada precariedad[22], hasta alcanzar los niveles propios de entornos urbanos de mediana entidad.

El conjunto epigráfico estudiado, compuesto por 111 inscripciones, se distribuye desigualmente en el territorio. Los epígrafes se concentran en los tres principales núcleos urbanos en expansión con un protagonismo absoluto de la ciudad de Murcia (56,6% del total), sede de todas las instituciones de poder en la región. En una posición secundaria se sitúan las ciudades de Lorca y Cartagena, con una producción muy inferior en términos cuantitativos. Las tres ciudades concentran el 80,2% de la producción epigráfica del periodo frente a una producción anecdótica repartida en los pequeños núcleos de población del interior. El resto de los centros con actividad epigráfica nos muestran algunos conjuntos con rasgos semejantes a los que encontramos en las ciudades, así ocurre en Mula, Totana o Jumilla, mientras que observamos una producción que podemos calificar de cultura rural o propia de centros ocasionales[23] en aquellos lugares más alejados del centro de gravedad que ejerce la ciudad de Murcia.

Este escenario es, en gran medida, consecuencia y herencia de los rasgos que ofrece la producción epigráfica en la Baja Edad Media. En un periodo de crisis permanente, el interior de las murallas de la ciudad de Murcia se convirtió en el único espacio en condiciones de sustentar una mínima actividad epigráfica. La presencia permanente de las instituciones de poder regional, destacando el adelantado mayor y el obispo de Cartagena, propiciaron que la ciudad mantuviera una cierta estabilidad demográfica y, con ella, una mínima actividad epigráfica que se vincula de forma destacada a las obras de construcción de la Catedral de Santa María la Mayor. El templo catedralicio, como veremos, es desde el periodo medieval el catalizador de la producción epigráfica de la región, pero las transformaciones morfológicas que la ciudad experimentó durante el Renacimiento y los cambios sociales acaecidos en este nuevo periodo permitieron que emergieran nuevos lugares donde desarrollar una comunicación publicitaria a través de las inscripciones.

La estructura de poblamiento que se teje durante el periodo bajomedieval es heredera del pasado islámico. La ciudad de Murcia, fundada por Abd al-Rahman II en el año 825, venía erigiéndose como principal núcleo político y residencia de los poderes islámicos independientes que gobernaron el Levante mediterrá-

---

22 FERNÁNDEZ MARTÍNEZ, 2024: 22-28.

23 De este modo refiere Encarnación Martín López a los centros de producción epigráfica que no desarrollan un trabajo profesionalizado y no tienen un rendimiento prolongado en el tiempo. MARTÍN LÓPEZ, 2007: 203-277.

neo durante el siglo XII. Su papel como capital islámica la constituyó ya en este periodo como principal centro epigráfico[24] y tras la conquista castellana, las condiciones de seguridad que ofrecía este nuevo núcleo de poder permitieron un continuismo en la estructura de poblamiento debido a las necesidades defensivas que marcarán la vida del reino a partir de la segunda mitad del siglo XIII.

La inseguridad de la costa propició que la histórica ciudad de Cartagena nunca recuperara el papel destacado que había mantenido en el periodo romano y vino a consagrar el proceso iniciado en la tardoantigüedad por el que el centro de gravedad política había basculado hacia el interior de la región. El fracaso de los proyectos de Alfonso X por revitalizarla como el gran puerto mediterráneo de Castilla y el traslado de la sede episcopal a la capital política determinarían que la ciudad costera no tuviera ninguna posibilidad de recuperarse en el complejo periodo bajomedieval.

No será hasta el Renacimiento cuando la antigua Carthago Nova[25] experimente un periodo de expansión y de transformación urbanística gracias al peso de su pasado en la memoria colectiva[26]. Además de emerger nuevos espacios públicos donde exhibir inscripciones, fueron las obras de ampliación de la Catedral de Santa María *la Vieja,* que si bien no materializaron ningún proyecto de monumentalización significativa, las que la convirtieron en el lugar óptimo para el desarrollo de una reducida actividad epigráfica patrocinada por su patriciado urbano.

Un escenario similar experimenta el tercer núcleo urbano de la región, la ciudad de Lorca. Sin el peso de una tradición histórica igualable a la de Murcia y Cartagena, el principal baluarte de frontera con Granada desarrolló una actividad epigráfica similar a Cartagena en los siglos XV y XVI gracias a la construcción de la monumental Colegiata de San Patricio y la existencia de un patriciado urbano con una clara voluntad de autorrepresentación.

---

24   Con una producción vinculada a los conjuntos monumentales del Alcázar *Sagir* y el Castillejo de Monteagudo, generando un desequilibrio en la distribución de inscripciones que se reproducirá después de la conquista castellana. MARTÍNEZ ENAMORADO, 2009: 19-25.

25   El sureste peninsular se vio sometido a un intenso proceso de romanización. La costa, intensamente urbanizada, se sustentaba económicamente en la actividad de extracción minera de plomo y plata desarrollada entre la actual Unión y Mazarrón, las manufacturas del esparto y los intercambios comerciales centralizados a través del puerto de Carthago Nova hacia todo el Mediterráneo. GONZÁLEZ BLANCO, 1998: 339-354. Durante este periodo, Cartagena se convirtió en un importante centro de producción epigráfica, especialmente entre los siglos I a.C. y II d.C. cuando experimentó un destacado proceso de monumentalización y un diseño urbanístico modélico como colonia romana.

26   RUIZ LÓPEZ, 2017: 24-25.

Las tres ciudades, junto con la encomienda santiaguista de Caravaca de la Cruz, la Jumilla del señorío de Villena y Totana, fueron los únicos espacios que nos han propiciado vestigios de actividad epigráfica en el periodo bajomedieval. Solamente el desarrollo demográfico y económico que experimentó la región durante el Renacimiento permitió que esta actividad se extendiera a otros puntos de la región (Fig. 1), donde los testimonios conservados nos sitúan ante una producción de carácter ocasional. En algunos casos, esta epigrafía ocasional llegó a desarrollarse en lugares hasta entonces totalmente inimaginados por su lejanía de los principales núcleos de población. Testimonios anecdóticos como el *monumentum aedificationis* de la Torre del Rico en el campo de Jumilla reflejan un cambio de escenario en el que la inseguridad ya no es un factor con capacidad de frenar la producción epigráfica.

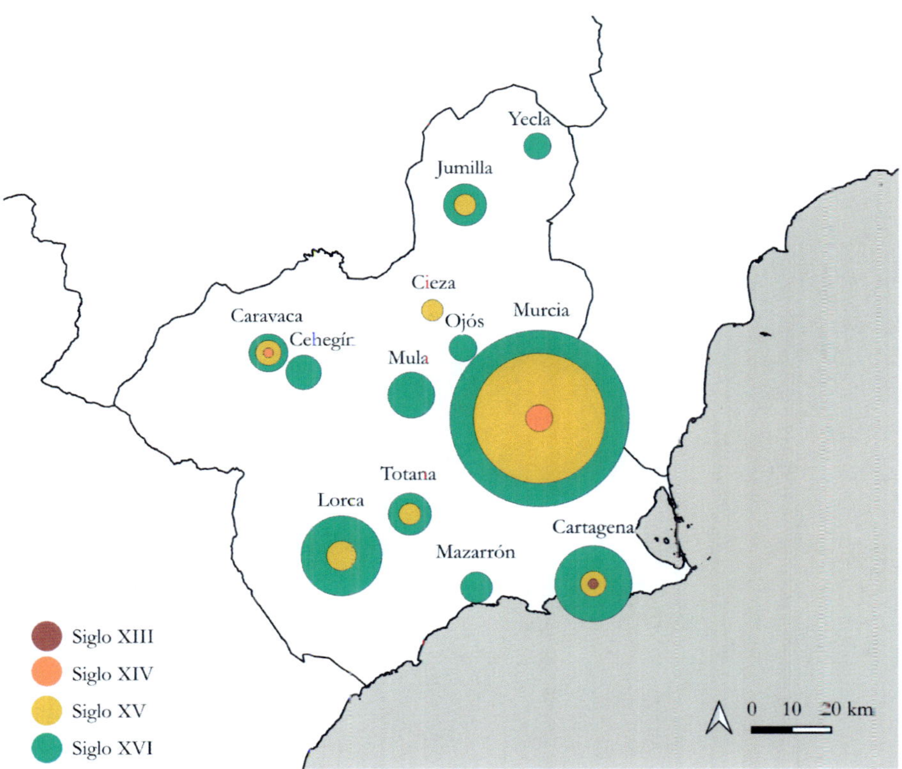

FIG. 1. EVOLUCIÓN CRONOLÓGICA DE LA DISTRIBUCIÓN ESPACIAL DE LA EPIGRAFÍA MURCIANA EN LA BAJA EDAD MEDIA Y EN EL SIGLO XVI.

Este cambio de tendencia se inició en las últimas décadas del siglo XV y terminaría de consolidarse a comienzos del siglo XVI, experimentando un crecimiento estable vinculado a la expansión constructiva que se desarrolló en los núcleos urbanos. El proceso de monumentalización que experimentaron, la construcción de nuevos espacios que respondían a las necesidades de la sociedad renacentista y la consolidación de una jerarquía social con necesidades de autorrepresentación fueron los motores que sostuvieron la actividad epigráfica en el siglo XVI.

Esta actividad epigráfica que mantuvo durante toda la centuria una especial dependencia de la producción artística y arquitectónica se satisfizo, en gran medida, mediante los recursos naturales del entorno. Ello justifica el destacado peso que las calizas tienen entre los soportes empleados, siendo extraídas de las canteras del entorno (Fig. 2) que abastecían de piedra 'franca' a la incipiente actividad constructiva. Muchas habían sido explotadas desde época romana con diferentes fases de aprovechamiento, como las situadas en el entorno de Cartagena[27] y del noroeste[28] donde también existían afloramientos de areniscas. Si bien, la principal cantera de calizas durante el periodo de nuestro estudio se situaba en la sierra de Carrascoy, emplazamiento de las canteras de Mayayo. Alcanzaron un elevado nivel de explotación a partir del siglo XV, suministrando calizas a múltiples edificaciones de la capital y su entorno, en especial, a las obras de construcción de la Catedral de Murcia[29]. Como señalan Javier de Santiago y José María de Francisco refiriendo a los materiales de las inscripciones medievales de Guadalajara, la caliza representa un material óptimo para la elaboración de inscripciones por «la facilidad de su talla, resistencia a los agentes climáticos e inalterabilidad»[30].

---

27   ANTOLINOS MARTÍN, SOLER HUERTA Y NOGUERA CELDRÁN, 2018: 37-48.
28   BROTÓNS YAGÜE Y RAMALLO ASENSIO, 2018: 81-94.
29   SOLER HUERTAS ET AL., 2021: 959.
30   SANTIAGO FERNÁNDEZ Y FRANCISCO OLMOS, 2018: 26.

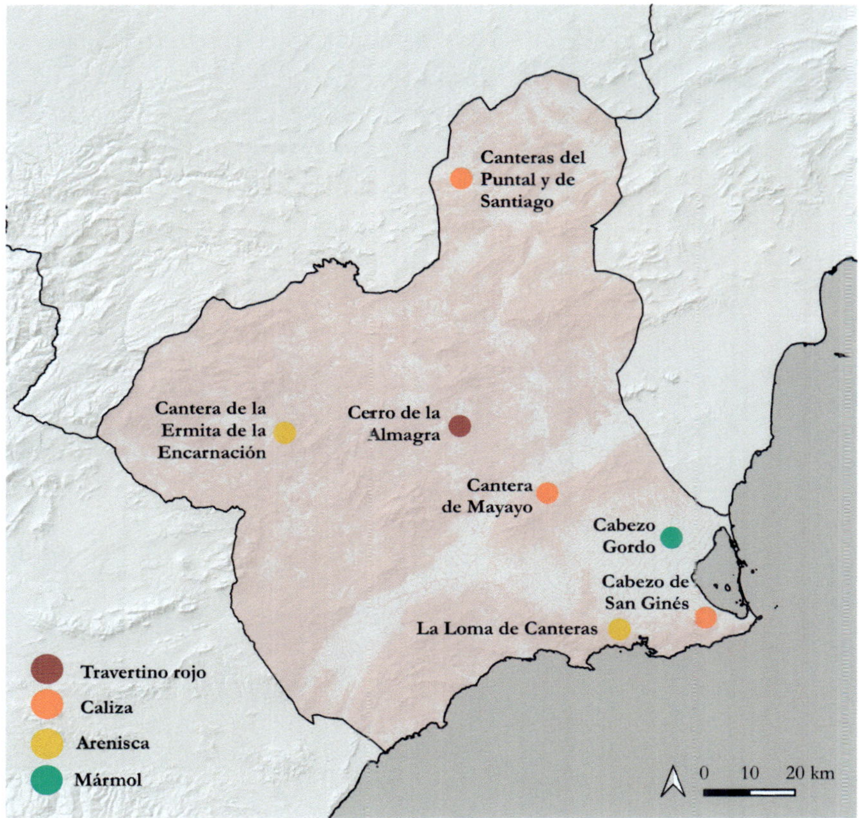

Fig. 2. Principales canteras pétreas de la provincia de Murcia en el periodo de estudio.

Entre los recursos naturales del entorno, destacan las canteras de travertino rojo[31] del cerro de la Almagra, en la pedanía de Los Baños de Mula[32]. Esta cantera que había proporcionado a la Carthago Nova romana un importante suministro de travertinos rojizos para su desarrollo urbano se mantuvo siempre activa con una menor producción. Será a partir de los años finales de la Edad Media cuando, al calor del desarrollo urbano y constructivo que experimentó la propia Mula y otras localidades del entorno, desarrolle un renovado impulso. Su uso como ma-

---

31 Roca sedimentaria empleada desde la antigüedad como piedra ornamental. En el territorio murciano podemos encontrarla en numerosas edificaciones romanas como elemento de solemnidad y ostentación y, por supuesto, también como materia epigráfica. Estas prácticas fueron recuperadas lentamente al calor del Renacimiento. SOLER HUERTAS, 2005: 141-164.

32 SOLER HUERTAS Y ANTOLINOS MARTÍN, 2022: 128-133.

teria epigráfica, aunque testimonial, merece ser destacado, especialmente por el valor ornamental y como elemento de solemnidad que caracterizó a este recurso. Los tres principales ejemplos se localizan en la ciudad de Mula y están vinculados a la arquitectura. En la ciudad de Cartagena, la *explanatio clypei* de las armas de Felipe II en la casa del rey también emplea esta piedra, aunque solamente para el escudo y otros elementos ornamentales del conjunto, y un mármol gris oscuro también originario de la zona extractiva del noroeste (Fig. 3).

FIG. 3. *EXPLANATIO CLYPEI* DE LAS CASAS REALES COMO EJEMPLO DEL USO DEL TRAVERTINO ROJO.

El mármol, la segunda tipología pétrea más utilizada en las inscripciones murcianas, representa un material cuya estructura le hace óptimo para recibir la escritura, generando acabados de gran excelencia técnica. Su uso, prácticamente inexistente en el periodo bajomedieval, se populariza en el siglo XVI, convirtiéndose durante esta centuria en el principal soporte pétreo por la convergencia de dos factores determinantes: el desarrollo económico experimentado en esta centuria y la introducción de nuevas modas epigráficas al calor del Renacimiento[33].

---

33 Aunque el uso del mármol está ampliamente constatado durante la Edad Media, será durante el Renacimiento cuando, gracias al interés y el conocimiento de los humanistas sobre la epi-

La existencia de canteras de mármol en la región y su entorno, especialmente las prolíficas canteras de Macael (Sierra de los Filabres, Almería),[34] que habían sido explotadas en época antigua facilitó la introducción de esta materia en la producción epigráfica.

El paisaje epigráfico murciano, en definitiva, presenta desequilibrios en su distribución y se concentra en la ciudad de Murcia, cuyo papel protagonista queda ratificado ante el aumento en la producción a partir del siglo XVI. Junto a ella solo destacan, aunque con en una posición secundaria, las ciudades de Lorca y Cartagena, caracterizando al conjunto murciano como una producción urbana para responder a las necesidades de las emergentes oligarquías locales, la nobleza y las principales instituciones de poder de la centuria: la monarquía y la Iglesia. Esta producción se apoyó, además, en la cercanía y pervivencia de canteras explotadas desde el periodo romano que suministraban a los núcleos urbanos un volumen ingente de material pétreo de alta calidad para la manufactura de epígrafes.

3. Los polos epigráficos de la Murcia del Renacimiento

El ambiente en el que se expone una inscripción se encuentra íntimamente ligado con el contenido de su mensaje y los objetivos de comunicación que su autor pretende cumplir y, al mismo tiempo, concreta la colectividad a la que su mensaje se dirige. En este sentido, el público objetivo perseguido por una inscripción ubicada en un foro romano eran los propios ciudadanos romanos y cualquier persona que accediera a esta plaza pública; similar proceso acontece con los letreros que se exhiben en el claustro de un monasterio medieval, pensados para comunicarse con la comunidad monástica que habitaba en él y con aquellos fieles que, en determinados momentos, podían tener acceso a dicho espacio[35]. Igual sucedía con las inscripciones que se exponen sobre las campanas y son custodiadas en la soledad de un campanario cumpliendo con una función apotropaica rogando por la intervención divina. En este caso, solamente podían ser observadas y leídas por la comunidad de fieles durante el acto de consagración del objeto y en el periodo previo al mismo, momento en el que se exhibía en la puerta del templo para dar a conocer su materialización. Consecuentemente, el

---

grafía clásica, se recupere, junto con otros elementos materiales, como la materia epigráfica por excelencia en busca de emular los resultados de las inscripciones de dicho periodo. CAMPANA, 2005: 17.

34 SOLER HUERTAS Y ANTOLINOS MARTÍN, 2022: 118-119.

35 MARTÍN LÓPEZ, 2019: 205.

emplazamiento define y concreta quién es el destinatario de una inscripción[36] que, sin embargo, siempre es susceptible de ampliarse incluyendo a destinatarios no intencionados[37], tal y como abordaremos más adelante.

Pero el vínculo de la inscripción con el lugar en el que se exhibe va más allá y esta entabla un diálogo con el espacio dotándolo de funciones y significados[38] como un dispositivo visual que adapta su forma a objetivos concretos[39]. En ese constante intercambio entre inscripción y espacio actúa también la interacción con otros elementos y lenguajes en él situados (heráldica, iconografía o, incluso, otras inscripciones) para configurar una comunicación más compleja. De este modo, la acción comunicativa trasciende al mensaje escrito y se amplifica a través del contexto para difundir ideas sobre la personalidad del promotor de una obra, inducir al fiel a adoptar determinadas composturas según los preceptos del cristianismo u honrar la memoria de los difuntos de un linaje.

Podemos concluir que los autores seleccionan los emplazamientos para ubicar mensajes concretos en sintonía con la función del espacio, del mismo modo que la inscripción adapta su forma a las necesidades del lugar y los discursos que en él se articulan[40]. Esta relación garantizaba que el lector y el espectador accedieran al mensaje epigráfico de forma contextual[41]. La sociedad bajomedieval y renacentista, acostumbrada a la omnipresencia de la escritura en determinados ambientes era conocedora de la relación que determinados mensajes guardaban con el espacio (por ejemplo, unas letras grabadas sobre una losa sepulcral custodiada en una capilla no podían consignar otra cosa que el epitafio de un difunto) y los objetos sobre los que se ejecutaban.

Resulta esencial, por tanto, conocer con la mayor precisión posible el emplazamiento original y el contexto en el que se exhibieron las inscripciones de

---

36   DEBIAIS, 2009: 65-91.

37   En efecto, la universalidad de la comunicación publicitaria, determinada por los rasgos de las inscripciones como objeto escrito, permite que cualquier persona que vea y lea una inscripción se convierta en su público. GARCÍA LOBO, 2001: 99.

38   FERRAIUOLO, 2022:

39   Sobre este fenómeno, resulta de especial interés el papel que desempeñan en la configuración de espacios sagrados. Véase DEBIAIS, 2017: 217 y FERRAIUOLO, 2023: 51-64.

40   DEBIAIS, 2009: 51.

41   Bien es cierto que, durante el periodo de nuestro estudio, los niveles de alfabetización aumentan de forma generalizada en la sociedad teniendo un efecto en la manera que las inscripciones impactan visualmente sobre el espectador. Este, además de recibir el mensaje simbólico que transmiten, disponía de la capacidad para acceder a su contenido textual de forma colectiva o autónoma. SANTIAGO FERNÁNDEZ, 2015: 523.

nuestro estudio (*in situ*), para comprender cuáles fueron los objetivos concretos de comunicación que el autor moral pretendía cumplir mediante estos polos epigráficos[42]. Desafortunadamente, no siempre disponemos de esta información contextual, incluso para ejemplos que se conservan en su entorno original pero que han visto modificado su emplazamiento concreto (*in loco*)[43] o para aquellos que, manteniéndose en el lugar específico para el que fueron diseñadas se encuentran en un ambiente profundamente modificado. Apoyándonos en otras fuentes, documentales y fotográficas, podemos acercarnos con mayor precisión al contexto original y conocer la historia detrás de estas modificaciones.

Los polos epigráficos que estudiamos en la provincia de Murcia se caracterizan por haber sufrido importantes alteraciones y modificaciones respecto a su estado original. La naturaleza mayoritaria de estos contextos es religiosa, aunque un número creciente de inscripciones se exhibe sobre construcciones promovidas por laicos o instituciones de gobierno civil.

Como venimos diciendo, la epigrafía del Renacimiento murciano es eminentemente urbana. Durante la segunda mitad del siglo XV y el siglo XVI asistimos a la reactivación de los principales núcleos de población del reino al tiempo que las élites sociales y las principales instituciones de poder toman conciencia nuevamente del valor simbólico y la utilidad de las escrituras expuestas para expresar el poder económico y político ejercido por sus autores[44]. Además, el periodo de transición entre la Edad Media y la Edad Moderna se caracterizó por una creciente preocupación por embellecer los entramados urbanos y convertirlos en espacios agradables, transitables y habitables, lo que repercutió en un aumento cuantitativo y cualitativo de las obras civiles y de equipamiento local. Los concejos y en especial la monarquía se convirtieron en los principales benefactores de edificios como los palacios de los concejos, pósitos municipales, carnicerías, mercados, hospederías, fuentes públicas y ampliaciones de los lienzos defensivos en las grandes ciudades murcianas que, a su vez, se posicionaban como un espacio óptimo para exhibir textos y difundir su evergetismo y promocionar una nueva concepción del Estado y el poder[45].

---

42 Estos objetivos en no pocas ocasiones trascienden al mensaje textual que consigna la propia inscripción. GARCÍA MORILLA, 2022: 320.

43 GARCÍA MORILLA, 2016: 63.

44 SANTIAGO FERNÁNDEZ, 2015: 147-150.

45 RAMÍREZ-SÁNCHEZ, 2021: 28-29.

FIG. 4. *EXPLANATIO CLYPEI* **EN LAS ARMAS DEL CONCEJO DE LORCA SOBRE LA FACHADA DEL PÓSITO DE PANADEROS EN LA PLAZA DEL CAÑO.**

Este renovado hábito epigráfico se volcó hacia el exterior, buscando emplazamientos privilegiados en las fachadas principales de los nuevos edificios y monumentos que, de forma mayoritaria, se encuentran ubicados en las nuevas plazas públicas que caracterizan el urbanismo de la ciudad renacentista (Fig. 4). Estas inscripciones permitían reforzar simbólicamente la presencia de la monarquía y las instituciones civiles en el día a día de los habitantes de la ciudad[46], siendo constantemente vistas por todos los integrantes de su población. En estos letreros, además de destacar la fecha de la obra acometida era común la mención de identificación, acompañada con alabanzas y alusiones a su grandeza, de la persona o institución encargada de su financiación o promoción como un signo de ostentación.

En este sentido, la ciudad de Murcia ofrece a lo largo del siglo XVI el conjunto más prolífico de esta nueva epigrafía civil, promocionada por el concejo como consecuencia de su actividad como benefactor de edificios e infraestructuras civiles, de las que solamente conservamos en su emplazamiento original las del palacio del Almudí y la fuente del santuario de la Fuensanta. También es merecedor de mención el extenso *monumentum aedificationis* que se desarrolla

---

46   PETRUCCI, 1980: 11.

sobre las puertas de acceso del edificio del concejo[47] de Jumilla (Fig. 5), en el que se intitulan cada uno de los componentes de esta institución de gobierno local. Un conjunto epigráfico similar encontramos en el antiguo pósito de panaderos de Lorca, donde la epigrafía se funde con la heráldica para difundir el papel del concejo y del monarquía como promotores de este edificio. Precisamente es el elemento heráldico el que en numerosas ocasiones sustituye a las inscripciones para dar a conocer la identidad de un concejo o institución como benefactor de una obra pública.

FIG. 5. *MONUMENTUM AEDIFICATIONIS* DEL PALACIO DEL CONCEJO EN JUMILLA.

La ciudad de Cartagena cuenta con un conjunto epigráfico que, si bien es menos numeroso, merece ser destacado. Durante la segunda mitad del siglo XVI emerge en la ciudad una epigrafía civil al calor de los proyectos de monumentalización impulsados por la monarquía para mejorar sus defensas y posicionarla como puerto militar. Felipe II no dejaría pasar esta oportunidad para hacer llevar a la ciudad la imagen de poder de la monarquía mediante inscripciones que utilizan la capital humanística, el latín, una *ordinartio,* un uso de recursos publicitarios y formulismo que evocan al pasado romano.

Estas inscripciones, salvando un ejemplo, se emplazaron en el exterior de edificios y en plazas públicas donde toda la comunidad política que habitaba la ciudad pudiera verlas, destacando entre ellas el conjunto de la fuente de Santa Catalina (Fig. 6). Hoy desaparecida, fue construida para abastecer de agua a la ciudad

---

47   Durante el siglo XVI se levantaron en las ciudades de la Monarquía Hispánica casas consistoriales siguiendo la normativa de los Reyes Católicos que obligaba a las instituciones de concejo a dotarse de esta infraestructura. Sus fachadas se convirtieron en el espacio óptimo para que estas instituciones exhibieran mensajes epigráficos con los que disputarle el dominio del espacio público a otras figuras de poder. Véase CASTILLO GÓMEZ, 2022: 370-375.

y como parte del programa constructivo de la nueva organización defensiva de la ciudad, cuyos trabajos estuvieron dirigidos por Juan Bautista Antonelli y Vespasiano de Gonzaga[48]. Sobre la fuente, se emplazaron un *monumentum aedificationis*, hoy desaparecido, que intitulaba a los miembros del concejo que, siguiendo las órdenes de la corona[49], mandaron su construcción; y un *monumentum restaurationis* con un peculiar formulismo cuya intención es recordar el glorioso pasado romano de Carthago Nova y vincularlo la ciudad renacentista y su expansión urbana.

FIG. 6. ANTIGUA FUENTE DE SANTA CATALINA CON EL *MONUMENTUM AEDIFICATIONIS* EN EL CORNISAMENTO Y EL *MONUMENTUM RESTAURATIONIS* EN EL CENTRO DE LA COMPOSICIÓN.

Con todo, la expansión de la epigrafía civil durante el siglo XVI no alcanza el volumen de la producción mayoritaria vinculada a espacios de culto. Los edificios con una función religiosa permanecieron como el primer espacio donde emplazar inscripciones, destacando de manera clara el templo de la Catedral de Santa María la Mayor en Murcia como el mayor polo epigráfico de la región. En su construcción intervinieron las principales instituciones de poder que operaron sobre el reino de Murcia y miembros destacados de la sociedad[50], quienes no dudaron en aprovechar la visibilidad que poseía un edificio monumental de estas características para difundir mensajes que destacaran su papel como promotores de obras, comunicar mensajes relacionados con la muerte y textos con una función pastoral[51]. Este espacio polifuncional contaba con determinadas áreas donde se concentraban los mensajes epigráficos: las capillas y altares funerarios (Fig. 7) y el antiguo claustro (que representaban espacios de propiedad privada pero

---

48   MARTÍNEZ LÓPEZ ET AL., 2014: 179-204.

49   Cartagena era entonces una ciudad de realengo y las obras de construcción de la fuente fueron acometidas por el concejo siguiendo el mandato del rey Felipe II en el tiempo que Jorge Manrique ocupaba el cargo de corregidor en los tres principales concejos del reino (Murcia, Lorca y Cartagena), MONTOJO MONTOJO, 1993: 33.

50   VERA BOTÍ ET AL., 1994: 23.

51   GARCÍA LOBO, 2014: 16-18.

volcados a la exhibición al fiel que penetraba en los pasillos de la catedral), el altar mayor y las naves del templo y, por supuesto, los muros exteriores.

FIG. 7. *EPITAPHIUM SEPULCRALE* DE ISABEL DE MERCADO Y SUS HIJOS EN EL ALTAR DE LA CAPILLA FAMILIAR, SITUADA EN LA NAVE DE LA EPÍSTOLA DE LA CATEDRAL DE MURCIA.

De todos ellos, el claustro representa el espacio que más transformaciones fisionómicas ha protagonizado desde su construcción en el siglo XIV[52], quedando en la actualidad completamente desconfigurado y reconvertido en el Museo de la Catedral de Murcia. Contrariamente, las capillas funerarias conservadas en las naves del templo mantienen su fisionomía original y ofrecen un elevado número de inscripciones conservadas en su emplazamiento original[53]. En ellas localizamos de forma mayoritaria textos funerarios que notifican la sepultura de los propietarios de aquel espacio o de miembros de su familia, además de otros mensajes

---

52   SÁNCHEZ PRAVIA, 2009: 225-242.

53   MARTÍN LÓPEZ, 2021: 609-644.

que aluden a la consagración de altares, la concesión de indulgencias o el papel desempeñado por sus propietarios como comitentes de la obra. De todas ellas merecen ser destacadas la capilla de los Vélez y la capilla de Junterón, no por ser las de mayor envergadura arquitectónica, sino por custodiar los conjuntos epigráficos más prolíficos del templo. Sus autores, conscientes del potencial para difundir ideas y articular discursos de autopromoción que poseían las inscripciones, diseñaron sendos programas epigráficos sobre los muros, interiores y exteriores, de sus capillas funerarias.

La capilla de los Vélez cuenta con un programa que construye un discurso que presenta a la sociedad murciana a los adelantados como la máxima figura de autoridad en el reino y el primer linaje en la pirámide social a través de la heráldica y las inscripciones. De las cinco inscripciones, ninguna es de tipo funerario[54] y, a excepción del *monumentum aedificationis* en el interior, todas exhiben mensajes de tipo explicativo.

El resto de los espacios religiosos de la región en los que se exponen inscripciones no difieren ni presentan ninguna novedad respecto a lo que observamos en la Catedral de Murcia. La mayoría cuentan con un reducido número de inscripciones entre las que proliferan mensajes extraídos de textos bíblicos que participan en la configuración del espacio como un lugar de culto. En este sentido, resulta interesante destacar aquellas inscripciones que se emplazan en las entradas de los templos, como las *hortationes* de la iglesia de San Esteban en Murcia o las *hortationes* de templos como la Iglesia de Santiago en Jumilla o la Purísima Concepción en Mula (Fig. 8). Su emplazamiento en un lugar de alta visibilidad sobre la entrada del templo tiene por objetivo preparar al lector y al espectador para el espacio sagrado en el que va a adentrarse[55], espacio del cual esas inscripciones forman también parte indivisible como elemento delimitador y performático[56]. Sus mensajes, con alusiones a la advocación principal del templo, textos que la identifican como una casa de oración e invitaciones a la genuflexión[57], las convierten en un artefacto que crea una jerarquía espacial, aislando físicamente el lugar sagrado e invitando a adentrarse en él con una compostura determinada.

---

54 La capilla, a pesar de ser concebida como un espacio funerario, no fue empleada como tal por sus benefactores y, en consecuencia, no cuenta con ningún monumento funerario destacado del periodo de nuestro estudio. Véase, FERNÁNDEZ MARTÍNEZ, 2021: 63-84.

55 FERRAIUOLO, 2023b: 52.

56 Véase DEBIAIS, 2017: 285-308.

57 En este sentido es particularmente explícita una de las *hortationes* de San Esteban: «*In nomine Iesu omne genu flectatur*», fragmento extraído de Flp. 2: 10. Que traducimos: ¡Ante el nombre de Jesús toda rodilla se doble!.

Fig. 8. *Hortationes* **en las portadas de San Esteban, Murcia (arriba) y la Purísima Concepción, Mula (abajo).**

Es interesante destacar también el templo de la Catedral de Santa María *la Vieja* en Cartagena ante las vicisitudes y modificaciones contextuales que padeció su conjunto epigráfico. En la actualidad, el Museo Arqueológico Municipal de Cartagena conserva seis epígrafes que estuvieron expuestos originalmente en el pavimento del templo, aunque desafortunadamente no conocemos cuáles fueron sus emplazamientos exactos[58]. Esta descontextualización dificulta la correcta in-

---

58   A pesar de las constantes referencias documentales y bibliográficas a la presencia de lápidas funerarias en el suelo de la nave central y en los accesos a la iglesia. MURCIA MUÑOZ, 2018: 97.

terpretación de inscripciones como la *intitulatio* de Andrés López, cuyo escueto formulismo no nos permite asegurar un sentido funerario[59].

Si bien, la importancia de este conjunto radica en la reubicación que experimentaron durante la intervención del arquitecto Víctor Beltrí entre 1899 y 1902[60]. Inmerso en las corriente historicistas y con el objetivo de destacar la antigüedad del templo, el arquitecto catalán acometió una reforma que reestructura y cambia significativamente la morfología del templo y en la que reubica las inscripciones en los muros del templo, enmarcándolas con una moldura de mortero. De este modo, quedaron desligadas de su función original y fueron reutilizadas por una nueva sociedad que les otorga un nuevo significado y finalidad, trascendiendo a su mensaje textual y utilizando su materialidad para comunicar un nuevo discurso: la historicidad del espacio en el que estaban emplazadas.

La pérdida del emplazamiento original, en algunos casos, provoca la pérdida de la propia funcionalidad epigráfica. Así ocurre en el grupo estudiado con el *epitaphium sepulcrale* de Alonso de Guevara (Fig. 9). La inscripción se encuentra grabada sobre una losa sepulcral de mármol que, tras retirarse de su posición original en la década de 1940, descubrió en su reverso los restos materiales de un sarcófago del siglo III d. C. reutilizado como soporte epigráfico. La importancia de este hallazgo y el reducido valor histórico que la sociedad actual extrae del patrimonio epigráfico del periodo moderno frente a un resto arqueológico de época romana de estas características son los factores que han permitido la musealización (y descontextualización) de la pieza ocultando la inscripción de nuestro estudio.

Fig. 9. Musealización actual del sarcófago reconvertido en losa sepulcral que oculta el *epitaphium sepulcrale* de Alonso de Guevara.

59   *«Andrés / López, / Albañil, / año / M D LXX».*

60   Ibíd., 118.

3. COMUNICACIÓN

1. LOS PROMOTORES DE LA COMUNICACIÓN EPIGRÁFICA

Encargar la materialización de una inscripción es un acto que, ante todo, entraña privilegio económico y sus autores morales[61], en consecuencia, acostumbran a pertenecer a los estamentos privilegiados y a las principales instituciones de poder de su tiempo. Por este motivo, son un artefacto perfecto para el estudio de los mecanismos y los discursos que estos grupos sociales articularon para perpetuarse en su posición privilegiada.

El conjunto conservado en la provincia de Murcia no es una excepción en este sentido y la extracción de los autores morales refleja una amplia presencia del estamento eclesiástico, la nobleza, la monarquía y las principales instituciones de poder del periodo. Junto a ellos, observamos como emergen nuevos grupos sociales que a partir de la expansión económica que supuso el Renacimiento en la región y su acceso al poder político a través de las instituciones concejiles se van a incorporar al hábito epigráfico.

Como hemos visto, las ciudades del Renacimiento se convierten en un escenario de comunicación pública y las inscripciones se integraron en el para cumplir con diferentes objetivos. En este primer apartado, abordamos el estudio de las personas que promocionaron estos artefactos en ese escenario para conocer los objetivos que perseguían a través de ellos. A partir de este análisis, nos adentramos en el estudio de su información textual, para concebir de manera integra el monumento epigráfico y conectar el mensaje escrito con su intencionalidad.

1.1. *Instituciones y estamento eclesiástico*

A pesar de que desde el siglo XII asistimos a un proceso de progresiva secularización de la cultura y de la producción de objetos escritos, por el cual nuevos sectores de la sociedad se incorporan a esta actividad, el estamento eclesiástico mantiene durante todo el antiguo régimen una posición protagonista[62] en la producción de inscripciones.

---

61 Término acuñado por Javier de Santiago para enfatizar su papel como autor intelectual de las inscripciones frente al del rogatario o autor material. SANTIAGO FERNÁNDEZ, 2003: 218.

62 SANTIAGO FERNÁNDEZ, 2003: 248.

La institución y las personas que la componían a título personal promocionaron epígrafes que encontramos en los templos acompañando a conjuntos iconográficos con una intención explicativa y las inscripciones con un contenido litúrgico o pastoral[63] (fundamentalmente *explanationes* e *invocationes* junto con otros textos menos habituales como las *hortationes* o las *consecrationes*) que exhiben textos extraídos de las sagradas escrituras a fin de introducir y hacer partícipe al fiel del acto litúrgico y devocional.

Concretar la autoría moral de algunas inscripciones no siempre resulta una tarea sencilla en tanto que no cuentan con referencias explícitas a ningún personaje o institución y, consecuentemente, acercarnos a su funcionalidad y su emplazamiento supone la única herramienta a nuestra disposición para conocer la identidad de las personas o instituciones que las promocionaron[64].

Por supuesto, las personas que integran la institución eclesiástica también fueron autores morales a título propio de grupos epigráficos que cumplen con la función de expresión de vanagloria, destacan sus virtudes y prestigio personales y su labor como comitentes de obras arquitectónicas[65].

Los obispos de Cartagena ejercieron una notable influencia sobre una extensa y compleja red de parroquias y, mayoritariamente[66], participaron intensamente en los asuntos políticos que afectaban a la ciudad de Murcia y al resto de la diócesis. La amplia labor que desarrollaron en su espacio de jurisdicción interviniendo en actos como la construcción de edificios, la dotación o la consagración de templos, capillas o altares y, especialmente, el interés que algunos mostraron por perpetuar su memoria y la expresión de vanagloria les convirtió en destacados autores morales de inscripciones.

De manera clara aparecen dos obispos como autores morales de inscripciones: Esteban de Almeyda y Sancho Dávila. La actividad epigráfica promovida por ambos prelados se caracteriza por cumplir con objetivos de auto-representación y expresión de vanagloria a través de textos que notifican la construcción de edificios, la consagración de altares o el traslado de reliquias.

---

63   GARCÍA LOBO, 2014: 17-18.

64   RODRÍGUEZ SUÁREZ, 2016: 22.

65   GARCÍA LOBO Y MARTÍN LÓPEZ, 1996: 134-45.

66   A excepción de obispos absentistas como Rodrigo de Borja, Giovanni Battista Orsini o Mateo Lang que durante el tránsito del siglo XV al siglo XVI ocuparon la silla cartaginense sin aparecer presencialmente en la diócesis.

Esteban de Almeyda se presenta como autor moral del destacado grupo epigráfico emplazado en la Iglesia de San Esteban en Murcia, lugar elegido y erigido para su descanso eterno. Sobre este templo el obispo diseñó un escenario óptimo para exhibir inscripciones que invitan a adentrarse en este lugar con la compostura debida (conjunto de *hortationes* e *invocationes* en la portada de acceso), que informan del carácter funerario del lugar (*epitaphium necrologicum* e *intitulatio funeraria*) y que, por supuesto, promocionan su personalidad como comitente de este espacio monumental (*monumentum aedificationis*). Su actividad epigráfica en otros espacios de la diócesis como la Iglesia de Santiago en Jumilla o la ermita de la Concepción en Mula tiene por objetivo, precisamente, destacar su papel como benefactor de las obras de construcción de estos templos destacados.

El episcopado de Sancho Dávila se caracterizó por fomentar el creciente culto a los Cuatro Santos de la ciudad de Cartagena en la diócesis, viviendo su punto álgido tras la recuperación de las reliquias San Fulgencio y Santa Florentina para la Catedral de Murcia[67]. Su actividad como autor moral estuvo especialmente vinculada a la promoción de este culto y se desarrolló en acciones como la dotación del colegio de San Fulgencio (manifestada a través del *titulus propietatis* del cáliz del colegio), la reconstrucción de la casa de los Cuatro Santos (*monumentum restaurationis*) y el altar para la veneración de sus reliquias (*intitulatio reliquiarum*). También podemos encontrar a Sancho Dávila publicitando el ejercicio de algunas de sus labores de obispo como la consagración de altares (*consecratio*).

Precisamente el acto de consagración nos ofrece un llamativo grupo epigráfico emplazado en la ermita de la Concepción de Cehegín. Estas dos inscripciones ubicadas a ambos lados del altar del templo notifican su consagración en un acto presidido por el obispo de Modruš (actual Croacia). En el año 1556, fecha de la consagración notificada en las inscripciones, el granadino Diego de Loaysa ocupaba como emérito dicha prelatura y, aunque no hemos localizado huellas documentales de su presencia en la diócesis cartaginense y desconocemos las razones que le llevaron a presidir este acto, es evidente que el obispo nunca acudió a su silla en la frontera con el Imperio Turco y desarrolló su actividad en los territorios de la Monarquía Hispánica[68].

Los obispos de Cartagena ejercieron un férreo control sobre la jerarquía eclesiástica que se conformó en torno a los órganos de gobierno de la diócesis, es-

---

67 CANDEL CRESPO, 1968: 64.

68 De hecho, su presencia en el sur de la Península Ibérica puede documentarse en otros actos similares como la consagración de Fray Bartolomé de las Casas, ocurrida en Sevilla en 1544. Archivo General de Indias (AGI), MP. Bulas Breves, 34.

pecialmente en el cabildo catedralicio. El prelado contaba con amplias prerrogativas sobre los nombramientos de las principales dignidades que componían el órgano de gobierno de la Catedral[69], permitiendo a los obispos promocionar a personalidades y linajes de su confianza que, en numerosas ocasiones, se habían instalado en el reino acompañando a un obispo foráneo destinado en la diócesis cartaginense[70]. El cabildo presentó una composición orgánica estable, aunque con variaciones numéricas, conformada por seis dignidades (deán, los arcedianos de Lorca y Cartagena, chantre, tesorero y maestrescuela), canónigos y racioneros y medio racioneros; y las personalidades que desempeñaron estos cargos durante el periodo de nuestro estudio se muestran como destacados autores morales de conjuntos epigráficos, con una producción incluso más prolífica que la promocionada por los obispos.

Disponemos de interesantes ejemplos en el conjunto estudiado de grupos epigráficos encargados por miembros de las altas jerarquías eclesiásticas que perseguían diferentes objetivos. Solamente conservamos una inscripción, el *decretum indulgentiarum* de la capilla del Corpus cuya autoría moral recae indudablemente en los miembros que componen el Cabildo. Lo hacemos a partir de la mención explícita que recoge en su formulismo con la expresión roborativa *«la mandaron publicar»*. Mediante esta inscripción, el cabildo cumple con sus funciones como órgano de gobierno de la Catedral y publicita la salvación de almas del purgatorio concedida por Gregorio XIII a quienes celebren una misa en el altar de la capilla para que el mayor número de fieles posible sea conocedor de ello.

Además de actuar como autores morales de inscripciones como miembros del Cabildo, la jerarquía eclesiástica también aprovechó el magnífico escaparate que suponía la Catedral de Murcia, y otros templos destacados en las ciudades de la provincia, para promocionar mensajes con el objetivo de reafirmar su autoridad[71] y destacar sus virtudes personales del mismo modo que lo hicieron los obispos.

El arcediano de Lorca, Gil Rodríguez de Junterón, se presenta como el autor moral más prolífico y completo para el periodo estudiado. Tras adquirir un espacio para la construcción de una capilla funeraria en la nave de la epístola de la Catedral, el arcediano promocionó una magna obra arquitectónica renacentista[72] sobre la que exhibió un auténtico programa epigráfico compuesto por un

---

69   Sobre la composición y la evolución orgánica del Cabildo catedralicio de la diócesis de Cartagena véase RODRÍGUEZ LLOPIS Y GARCÍA DÍAZ, 1994: 28-33.

70   RODRÍGUEZ LLOPIS, 2008: 124.

71   García Lobo, "El mensaje publicitario en la Catedral", 22.

72   Véase VILLELLA, 1998: 81-102.

total de veintiocho inscripciones que la convierten en un mausoleo dedicado a la exaltación de su poder, a sus virtudes como teólogo y humanista y exhibir su vinculación directa con la máxima autoridad eclesiástica del momento, el papa Julio II. Las inscripciones del conjunto recogen en diversas ocasiones la intitulación completa del autor moral destacando de manera explícita su labor como benefactor de la capilla funeraria para la exaltación de su memoria.

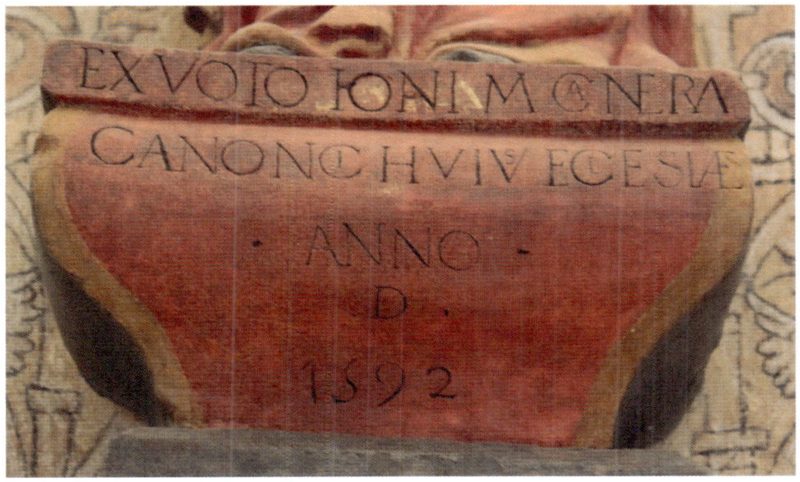

Fig. 10. *Donatio* de la Virgen del Pilar en la Colegiata de Lorca del canónigo Juan de Manzanera.

De una manera mucho más sutil otros miembros del cabildo catedralicio promocionaron inscripciones con el fin de exaltar su personalidad como comitentes y donantes de obras artísticas (Fig. 10).

Los mismos motivos que justifican la escasez de inscripciones funerarias de obispos nos permiten explicar el reducido número de estas tipologías en otros niveles de la jerarquía eclesiástica. Además de los *funera* del conjunto de Junterón, otras figuras vinculadas al cabildo, como el deán Clavijo o el canónigo Juan de Manzanera, hicieron también uso de la epigrafía funeraria. Junto a ellos, debemos destacar a dos miembros del clero, Alonso de Guevara y Pedro Torres de la Caba que no ocuparon altos cargos en la jerarquía eclesiástica pero que sí tuvieron ocasión de promocionar inscripciones funerarias en los espacios que habían reservado para su descanso eterno. De ese modo, el hábito epigráfico se extiende hacia abajo en la pirámide social a medida que avanza la Edad Moderna.

1.2. *La Monarquía*

No será hasta los albores de la Edad Moderna cuando comencemos a atisbar la intervención regia en la autoría moral de las inscripciones del conjunto. Fueron el emperador Carlos V y, especialmente, su hijo Felipe II[73] los únicos monarcas que aparecen como autores morales en el conjunto murciano.

Su actividad publicitaria estuvo estrechamente vinculada a la labor edilicia que, por su expresa orden, promovieron los concejos más importantes de la región para dotar de infraestructuras y embellecer sus ciudades. En estos emplazamientos la monarquía halló un espacio óptimo para, a través de las inscripciones, hacerse presente en el espacio público y acercarse a los habitantes de las ciudades[74]. Destacamos aquellas que notifican la construcción y ampliación del complejo fortificado de la ciudad de Cartagena o en las casas del rey en tanto que su historia arquitectónica nos garantiza la participación directa del rey en su génesis. En ellas el monarca aparece mencionado de manera sincrónica lo que, ciertamente, no siempre implicaba su participación en la ejecución del epígrafe en tanto que las autoridades concejiles hicieron uso de esta mención para vincularse al poder real[75]. La directa planificación y financiación de estas infraestructuras por parte de la monarquía[76] es el argumento por el que la incorporamos en el estudio de su autoría moral. Estos mensajes aseguraban al rey su presencia en la vida pública de las ciudades de la monarquía y representar el poder real en lugares donde su figura resultaba cada vez más ausente y lejana.

Extremadamente singular es la autoría del emperador Carlos V sobre el *epitaphium sepulcrale* de las entrañas de Alfonso X, compartida con el concejo murciano. Si bien, los protagonistas del conflicto que justificaron la materialización de este epígrafe fueron el concejo y el adelantado Pedro Fajardo, el mandato del emperador mediante cédula real de materializar un letrero, especificando sus características y mensaje[77], le convierten, indudablemente, en su autor moral. Mediante esta inscripción, el emperador Carlos V articulaba un amplio y complejo mensaje simbólico por el cual reservaba para la monarquía el espacio del altar

---

73   Durante su reinado se emprenden numerosos programas epigráficos en las principales ciudades de la monarquía hispánica con el objetivo de hacer presente y exaltar el poder regio. CASTILLO GÓMEZ, 2018: 27; RAMÍREZ-SÁNCHEZ, 2021: 28.

74   PETRUCCI, 1980: 11.

75   SANTIAGO FERNÁNDEZ, 2015: 152.

76   Para la historia constructiva de las infraestructuras defensivas de Cartagena véase MARTÍNEZ LÓPEZ ET AL., 2014: 182-186.

77   FERNÁNDEZ MARTÍNEZ Y FRANCISCO OLMOS, 2022: 427-440.

mayor como lugar de enterramiento y recordaba su autoridad sobre las preten-siones del resto de instituciones de poder del reino.

1.3. *Nobleza*

El estamento nobiliario, en tanto que cuerpo social privilegiado en la estructura de poder antiguo regimental, no podía faltar entre los autores morales de las inscripciones. Si bien, su presencia en la provincia de Murcia no es especialmente prolífica como consecuencia de las peculiares características sociopolíticas que atravesaron la región.

Resultan interesantes las inscripciones sobre las dos campanas donadas a la Iglesia de San Antonio por Diego López Pacheco y Portocarrero, quien recibió el marquesado de Villena por herencia paterna[78]. La finalidad de la donación y la comunicación de esta mediante mensajes epigráficos cumple con la voluntad de destacar a su autor y ganarse el favor de los habitantes de la localidad de Mazarrón, lugar donde se emplazaban los alumbres cuya propiedad compartía con el marqués de los Vélez.

Los marqueses de los Vélez ocuparon, además, una posición destacada como autores morales en el conjunto. El linaje Fajardo había protagonizado un vertiginoso ascenso social entre mediados del siglo XIV y la segunda mitad del XV que les valió patrimonializar el adelantamiento mayor y la concesión del marquesado de los Vélez. Convertidos en la máxima institución de poder del reino, los adelantados Juan Chacón y, especialmente, su hijo Pedro Fajardo promocionaron interesantes conjuntos epigráficos en las principales poblaciones de su mayorazgo, como en el castillo de Mula o en el palacio de Vélez Blanco[79]. Con evidentes objetivos de promocionar su personalidad política y social, son estos los mismos objetivos que podemos extraer del conjunto epigráfico diseñado para su capilla funeraria que construyeron en la cabecera de la Catedral de Murcia[80]. Las características de este lugar dejan espacio también para la promoción de mensajes que acompañan a la iconografía religiosa y contribuyen a su función devocional.

La misma función de expresión de vanagloria que podemos leer tras los objetivos que llevaron a los miembros del estamento nobiliario a promocionar inscripciones aparece en la *roboratio* sobre el retablo de la 'Adoración de los Pastores' (Fig. 11). Realizado para exhibirse y ornamentar la capilla de los marqueses de

---

78 MOLINA PUCHE Y ORTUÑO MOLINA, 2009: 176.

79 Situado en la actual provincia de Almería y, en consecuencia, fuera del área geográfica de nuestro estudio.

80 PABLO DÍAZ LÓPEZ ET AL., 2007: 21.

los Vélez, la ejecución sobre él de una inscripción que publicita la labor de la marquesa consorte Mencía Requesens aspira a exaltar la figura de quien se había convertido en la administradora del mayorazgo de los Fajardo tras la muerte de su esposo.

FIG. 11. *ROBORATIO* EN EL RETABLO DE LA 'ADORACIÓN DE LOS PASTORES', CONSERVADO EN EL MUSEO DE LA CATEDRAL DE MURCIA.

1.4. *Concejos y patriciado urbano*

Finalmente, destacamos el resto de las instituciones y estratos sociales que en determinados momentos participaron de la actividad epigráfica: las instituciones concejiles y el patriciado urbano.

Los concejos de las tres principales poblaciones de realengo (Murcia, Cartagena y Lorca) y otros núcleos urbanos menores (Jumilla) desempeñaron durante el siglo XVI un importante papel como autores morales de inscripciones. El grueso de su producción se encuentra vinculado a la intensa actividad edilicia que dotó a las ciudades de edificios e infraestructuras públicas (pósitos, mataderos municipales, fuentes, palacios del concejo, murallas o torres defensivas) y utilizaron emplazamientos de máxima visibilidad en sus fachadas principales con el objetivo de identificar al gobierno municipal y a algunos de sus miembros destacados con los beneficios que estas construcciones aportaban a la sociedad[81]. Para ello se valieron de formulismos sencillos que intitulan al concejo de forma genérica o al encargado concreto (corregidores, regidores, alcaldes) de la labor benefactora desempeñada por la institución. También resultó frecuente que estos edificios solamente exhibieran las armas de la institución para su identificación, las cuales también podían integrar mensajes epigráficos entre sus elementos. Vinculada a este tipo de actividad epigráfica destacamos la *explanatio clypei* en la fachada del palacio del Almudí (Fig. 12) como otra tipología promovida por los concejos con un mensaje vinculado a la función de pósito que cumplía este edificio.

---

81   SANTIAGO FERNÁNDEZ, 2002: 119-122.

FIG. 12. *EXPLANATIO CLYPEI* **EN LA COMPOSICIÓN HERÁLDICA DE LA MATRONA, FACHADA
DEL PALACIO DEL ALMUDÍ, MURCIA.**

El concejo de la ciudad de Murcia también promovió una actividad epigráfica dirigida a reforzar un vínculo entre la ciudad y el rey Alfonso X mediante la erección de un nuevo monumento funerario para sus entrañas en la Catedral de Murcia[82] y una composición artística para publicitar la inclusión de la señal del corazón en las armas del concejo.

Los concejos constituyeron un espacio monopolizado por los principales linajes del patriciado urbano, permitiéndoles mantener y consolidar la cierta relevancia económica y social que estas familias fueron adquiriendo al tiempo que aminoraba la precaria coyuntura que atravesó el reino. Los miembros de estas familias promocionaron una modesta actividad epigráfica, fundamentalmente de tipo funerario, con el objetivo de ofrecer a su linaje y a sí mismos un mecanismo de expresión de vanagloria y de promoción de su destacada posición social. Una actividad similar fue desarrollada por otros miembros destacados de la sociedad murciana del siglo XVI, como el consejero de Estado Gerónimo de Roda y el

---

82   Como hemos señalado, la autoría moral de este monumento epigráfico es compartida con el emperador Carlos V. Las circunstancias en torno a su materialización las hemos explicado en el apartado dedicado a la monarquía.

jurisconsulto Julio Claro, quienes eligieron la Catedral de Murcia y la Catedral de Santa María *la Vieja* de Cartagena como lugares para su descanso eterno.

El acceso de estratos sociales menos elevados de la sociedad al hábito epigráfico aparece ilustrado por un singular ejemplo procedente de la citada Catedral de Santa María *la Vieja*. Referimos a una *intitulatio* (Fig. 13) que nos informa de la fecha de defunción de Andrés López a quien intitula como albañil. Sin disponer de más información sobre este personaje[83], podemos presuponer que la inscripción debió ser ejecutada por encargo de sus familiares o compañeros de profesión, los cuales disponían de los medios materiales para poder hacerlo.

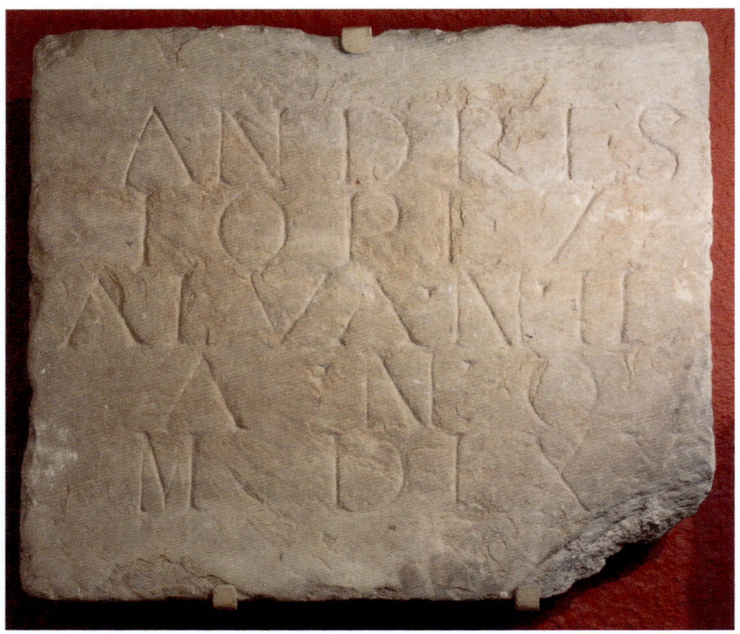

FIG. 13. *INTITULATIO* DE ANDRÉS LÓPEZ, CONSERVADA EN EL MUSEO ARQUEOLÓGICO DE CARTAGENA.

2. EL MENSAJE EPIGRÁFICO

Los objetivos de comunicación que propician el hábito epigráfico se configuran a partir de la figura de su autor moral, el emisor del mensaje. En ese proceso, el autor moral tiene siempre en consideración al receptor del mensaje, el desti-

---

83 MURCIA MUÑOZ, 2018: 97.

natario, poniendo todos los elementos que configuran la inscripción al servicio de garantizar su correcta transmisión. Para ello contará con el rogatario, o autor material, que dispone de los conocimientos para articular ese proceso de comunicación a través de las inscripciones.

Además de configurar materialmente la inscripción, los rogatarios se encargaban de construir el mensaje escrito que los autores pretendían difundir, para lo que contaban con formularios preestablecidos[84]. De este modo, las inscripciones presentan en numerosas ocasiones composiciones estandarizadas y repetitivas que se adaptan a los intereses de cada autor moral reflejando, con mayor o menor claridad, sus objetivos de comunicación. A partir de estas estructuras textuales, la epigrafía medieval ha desarrollado una clasificación tipológica que divide las inscripciones en dos grandes grupos: diplomáticas, aquellas que «recogen un hecho de naturaleza jurídica en sentido más o menos amplio» y librarias, el grupo en el que se engloban las que «consignan por escrito el pensamiento humano»[85].

En este apartado abordamos el estudio íntegro de los mensajes epigráficos que componen el conjunto renacentista murciano, si bien, lo hacemos siendo conscientes de las limitaciones que tiene aplicar una tipología diseñada para otro periodo histórico. Además, en este análisis tratamos de definir los objetivos reales de la comunicación epigráfica que, como sostiene Alejandro García Morilla, la intención del autor no siempre queda reflejada de manera explícita en ese formulismo y ha de averiguarse a través del estudio integral del monumento epigráfico, en el que convergen su emplazamiento, su relación con otros elementos del espacio, su texto y su materialidad[86]. Para ello, basándonos en la clasificación tipológica aceptada por la epigrafía medieval, abordaremos el estudio de las singularidades detrás de cada una de las inscripciones del conjunto, destacando aquellas que entrañan objetivos de comunicación más profundos que aquellos explicitados en su texto.

---

84   FAVREAU, 1997: 141-163.

85   Para esta clasificación en extenso véase MARTÍN LÓPEZ Y GARCÍA LOBO, 2009: 185-213.

86   Véase GARCÍA MORILLA, 2022: 299-324.

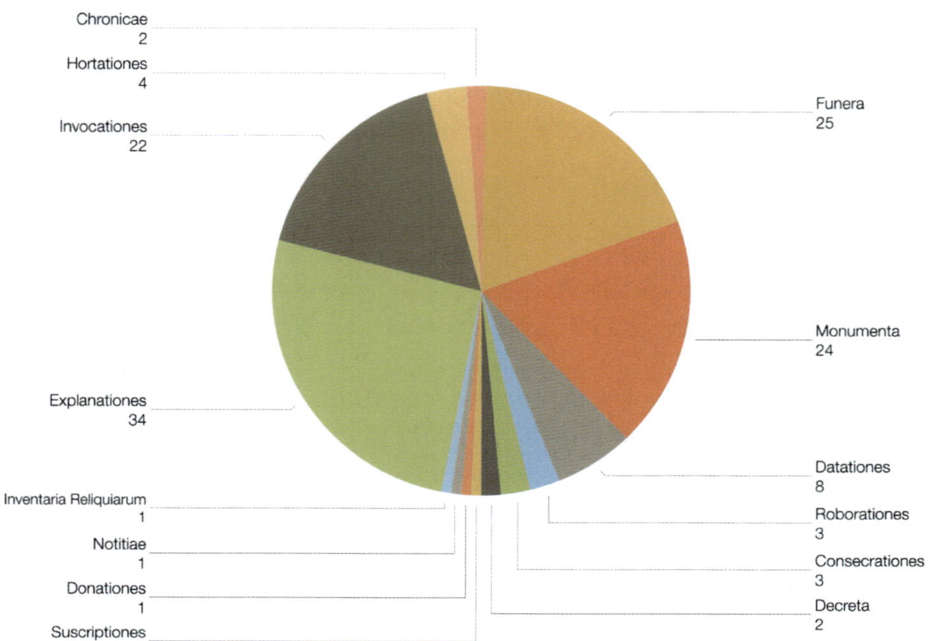

Fig. 14. Composición tipológica de las inscripciones.

La epigrafía del Renacimiento murciano ofrece una singular composición tipológica (Fig. 14) heredera de las condiciones de producción epigráfica que se desarrollaron en el periodo medieval[87]. Cuando la producción epigráfica alcanza condiciones de normalidad en el siglo XVI, el número de inscripciones funerarias crece también pero no lo suficiente para posicionarse como la principal tipología. Durante esta centuria, se fundaron numerosas capillas funerarias en los principales templos de la región, sin embargo, sus titulares optaron de forma mayoritaria por enterrar sus cuerpos en las criptas[88] sin dejar constancia de ello mediante monumentos funerarios. Además, miembros destacados de los principales linajes de la región comenzaron a trasladar sus residencias y a vincularse con otros territorios[89] (siendo el caso más significativo el de los marqueses de los Vélez) donde terminarían habilitando los espacios para su descanso eterno.

De este modo, el principal motor de la epigrafía murciana fueron la producción artística y la arquitectónica, razón que explica la superioridad numérica de

---

87   FERNÁNDEZ MARTÍNEZ, 2024: 22-27.

88   VERA BOTÍ ET AL., 1994: 159.

89   CHACÓN JIMÉNEZ, 1980: 56.v

las *explanationes* y las *invocationes*. Se trata de mensajes que ornamentaban, dotaban de significado y participaban de la funcionalidad de los espacios y los objetos artísticos en los que se emplazaban. La cuarta tipología epigráfica (las *monumenta*) viene a ratificar esta vinculación, especialmente intensa durante el siglo XVI cuando desaparecen los condicionantes históricos de la frontera.

2.1. *Funera: inscripciones sobre la muerte*

Bajo esta denominación genérica englobamos a todas las inscripciones cuyo contenido se encuentra relacionado con la muerte. La voluntad humana de perpetuar la memoria del difunto ha sido desde la antigüedad[90] una de las causas principales detrás de la elaboración de epígrafes. Los autores morales encontraban en ellos la herramienta perfecta para trascender a la muerte, añadiendo a sus monumentos funerarios textos alusivos al difunto que permitían identificar a la persona allí sepultada y comunicaban información sobre el momento de su muerte, virtudes y hechos relevantes de su vida o expresaban llamadas a la oración en su memoria. Son inscripciones que encontramos en los espacios dentro de la catedral y las iglesias de la región que sus autores se reservaron para su descanso eterno.

Si bien no es el conjunto más numeroso en nuestro estudio por los motivos anteriormente expuestos, la epigrafía funeraria aparece con la relevancia numérica que siempre le caracteriza, con un total de veinticinco ejemplos y solamente superada por las *invocationes* y las *explanationes*.

Según el formulismo y la funcionalidad de las inscripciones funerarias distinguimos entre dos tipos: las *epitaphia sepulcralia*, que refieren de manera explícita a la sepultura de una o varias personas en un lugar concreto[91]; y las *epitaphia necrologica* que hacen mención concreta a la muerte de uno o varios individuos[92].

El siglo XVI murciano nos ha dejado muy pocos ejemplos de esta segunda tipología, limitados exclusivamente a dos epígrafes. Este tipo de mensajes están relacionados con las oraciones que los templos, monasterios o familias formulaban en honor de sus deudos y benefactores[93]. En los claustros de algunos centros monásticos y catedrales son especialmente numerosas durante el periodo medie-

---

90 ANDREU PINTADO, 2009: 321.

91 MARTÍN LÓPEZ Y GARCÍA LOBO, 2009: 191.

92 Ibíd.

93 GARCÍA LOBO Y MARTÍN LÓPEZ, 1995: 39.

val funcionando como obiturarios en piedra[94], sin embargo, su uso en la Edad Moderna decrece de manera considerable en favor de otras tipologías.

De los dos ejemplos murcianos, destaca el *epitaphium necrologicum* de Alfonso X por carecer de la fórmula intitulativa. Este fenómeno excepcional se justifica mediante la integración del epígrafe en un conjunto artístico donde la alusión directa al monarca se expresa verbalmente a través de una *Chronica funeraria* que protagoniza la composición y, de manera visual, a través del lenguaje heráldico (Fig. 15). Su texto se completa mediante una *expositio* que alude a la duración de su reinado y la *data* con su fecha de muerte. Si bien, la información proporcionada es errónea y la inscripción consigna como fecha de muerte de Afonso X el año 1286, en lugar del correcto 1284. Este error se traslada, en consecuencia, a la *expositio,* atribuyéndole 35 años de reinado cuando realmente fueron 33. La distancia cronológica entre la fecha de ejecución de la inscripción, durante la segunda mitad del siglo XVI, y los hechos notificados en ella parece ser la explicación más razonable a este sonado error.

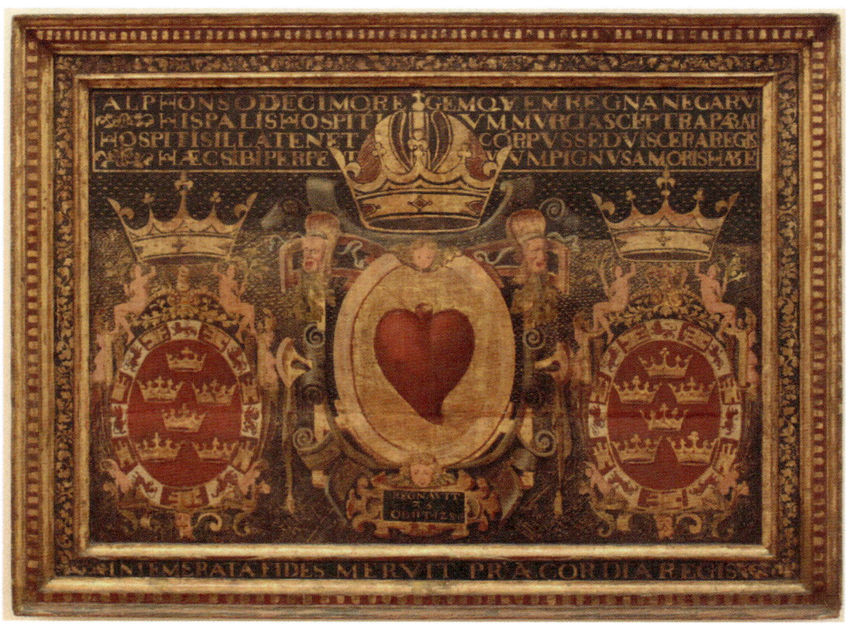

Fig. 15. Conjunto epigráfico y heráldico de las entrañas de Alfonso X, conservado en el Museo de Bellas Artes de la Región de Murcia.

---

94 El ejemplo más paradigmático es el claustro de la Catedral de Roda de Isábena por custodiar una colección especialmente prolífica con 225 epígrafes. MARTÍN LÓPEZ, 2020: 33. Sobre su función como obituarios expuestos son interesantes las reflexiones de la misma autora y de TREFFORT 2009: 117-140 y SANTIAGO FERNÁNDEZ, 2016: 939.

El segundo ejemplo, el *epitaphium necrologicum* del obispo Esteban Almeida, se compone también mediante la estructura común de *intitulatio,* verbo notificativo y *data* para completarse con una *invocatio* simbólica en forma de cruz al inicio de su texto.

Mucho más prolíficas son las *epitaphia sepulcralia,* de las cuales hemos localizado un total de quince. Los letreros que nos notifican el entierro de una o varias personas del conjunto murciano se caracterizan por componer mensajes epigráficos poco extensos, destacando la presencia siempre de la *intitulatio* y la *notificatio,* que se acompañan con bastante frecuencia de la *data.* Junto a estas fórmulas, encontramos composiciones más o menos extensas que incluyen fórmulas como la *invocatio, preambulum, expositio, roboratio* y *apprecatio.*

La epigrafía funeraria del Renacimiento murciano la inaugura el *epitaphium sepulcrale* de las entrañas de Alfonso X, emplazado en el altar mayor de la Catedral de Murcia por encargo del concejo de la ciudad y mandato del emperador Carlos V. Se trata de una inscripción de redacción sencilla que se introduce con la fórmula notificativa «*aquí están*», la intitulación «*las entrañas del señor rey don Alonso X*» y se completa mediante una *expositio* con la que justificar su presencia en el templo murciano «*el qual, muriendo en Sevilla / por la gran lealtad con que esta cibdat de Murcia le sirvió / en sus adversidades, las mandó sepultar en ella*».

A pesar de la naturaleza funeraria de esta inscripción, ejecutada entre 1526 y 1527, los motivos que propiciaron su existencia están relacionados con el conflicto desarrollado entre el adelantado Pedro Fajardo y el concejo de la ciudad como motivo de las pretensiones del marqués de los Vélez de hallar sepultura en altar del templo[95]. La intervención directa del emperador Carlos V, como así se extrae de la documentación conservada en el Archivo Municipal de Murcia, pondría fin a este conflicto mediante el traslado de las entrañas de Alfonso X a la Catedral, la construcción de un monumento funerario y una inscripción que recordara la relación del monarca con la ciudad y el reposo de sus restos mortales en ella. De este modo, la inscripción cumple con un doble objetivo: conmemorar la especial relación entre Alfonso X y la ciudad de Murcia y recordar la autoridad de la monarquía frente a cualquier pretensión nobiliaria que excediera sus espacios de poder. De esta manera, la inscripción trasciende a su contenido textual y se con-

---

95   Recientemente hemos analizado en profundidad el conflicto entre el adelantado y el concejo, los motivos históricos tras la elaboración de la inscripción, su autoría moral y material y las dudas sobre su génesis y tradición en FERNÁNDEZ MARTÍNEZ Y FRANCISCO OLMOS, 2022: 427-440.

vierte en un dispositivo visual definidor del espacio[96] de la capilla mayor como un lugar reservado en exclusividad para el descanso eterno de los monarcas

La misma sencillez en cuanto al formulismo que presenta esta inscripción encontramos en el resto de *epitaphia sepulcralia* de la región. Todas ellas se adaptan a los gustos propios del Renacimiento, bien sea recuperando el latín como lengua epigráfica o introduciendo fórmulas novedosas como la invocación verbal a través de la locución latina *Deo Optimo Maximo*, abreviada generalmente mediante siglas, o la *apprecatio* como la expresión «*Requiescat in pace*». Como decimos, la mayoría son inscripciones con un formulismo sencillo en el que destaca la *intitulatio* como el elemento principal del mensaje. Como sostienen Javier de Santiago y José María de Francisco, estas fórmulas entrañan un enorme interés histórico en tanto que podemos conocer a partir de ellas información sobre los grupos de la sociedad que «practicaban el hábito epigráfico en cuanto medio de autodifusión y autopromoción social»[97].

La manera en la que se expresa esta fórmula dependerá de la extracción social y la posición del difunto o difunta, y podemos encontrar desde simples menciones a su nombre hasta largas listas de títulos, cargos ostentados en vida junto con relaciones de parentesco y epítetos de alabanza. Todas las *epitaphia sepulcralia* del conjunto murciano aluden a miembros de la élite social que ocuparon cargos de poder civil y eclesiástico.

La importancia de esta fórmula se hace evidente en los casos que adquiere una dimensión destacada, convirtiéndose en el centro de la inscripción o en la única fórmula empleada junto a la *notificatio*. Así ocurre en los *epitaphia sepulcralia* del doctor Alonso de Guevara, del protonotario apostólico Gil Rodríguez de Junterón, Sebastián Clavijo, Alonso Vozmediano de Arroniz, Julio Claro y Gerónimo de Roda, en los que encontramos menciones a varios cargos ocupados por los finados acompañados de epítetos de alabanza como «*Ilustrisimo*», «*magnifico*» o «*Magnus*».

A pesar de la sencillez en el formulismo, algunas *epitaphia* muestran formulas originales que merecen ser destacadas. Entre ellas, nos detenemos en el *epitaphium sepulcrale* de Luis de Bustamante y Juan Rodríguez de Bustamante que completa su estructura de *notificatio* e *intitulatio* con una *roboratio*: «*Diputó este lugar para ellos solos don Gil Rodríguez Iunterón, Protonotario Apostólico i Arcediano de Lorca en la dicha Santa Iglesia, sobrino de Iuan Rodríguez i primo hermano del dicho Chan-*

---

96 VESCOVI, 2019: 152-158.

97 SANTIAGO FERNÁNDEZ Y FRANCISCO OLMOS, 2018: 53.

tre». De este modo, el arcediano Gil Rodríguez de Junterón destacaba su posición como propietario y comitente del espacio funerario donde se emplaza este epígrafe y lo integraba en un amplio programa epigráfico diseñado con el objetivo de promocionar y vanagloriar su figura política en la Murcia del quinientos. Es precisamente este objetivo el motivo principal de la materialización de este texto, por encima de notificar la sepultura de sus familiares: destacarse como autor moral de la inscripción para difundir el espacio privilegiado que había otorgado a sus familiares y máximos aliados en las disputas internas del cabildo para su sepultura. De hecho, la ausencia de la *data* en esta inscripción, fórmula casi imprescindible en las *funera,* viene a reafirmar esta interpretación.

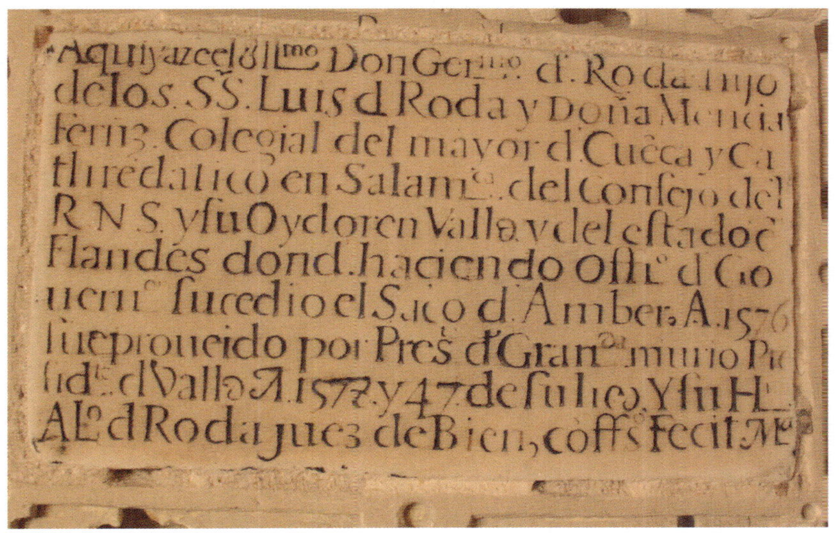

Esta peculiar fórmula también aparece en el *epitaphium sepulcrale* de Gerónimo de Roda (Fig. 16), en el que su hermano Alonso de Roda aparece explícitamente como el autor moral de la inscripción introducido mediante el verbo *«fecit»*. Esta inscripción, ubicada en la capilla funeraria que la familia poseía en la Catedral de Murcia, ofrece un amplio texto con una *intitulatio* convertida en un auténtico *cursus honorum* con alusiones a la familia del finado y a su vida política al servicio de la Monarquía Hispánica.

Además, incluimos dentro de este grupo a otras tipologías que poseen un sentido evidentemente funerario identificado por su contexto y el texto que exhiben pero que, debido a su formulismo, enmarcamos en otras categorías como son las *tituli propietatis sepulturae* y las *intitulationes funerariae*.

Las *intitulationes* se caracteriza por carecer de un formulismo complejo y, por el contrario, ofrecen un texto que se circunscribe a la mera mención del nombre de una persona, en ocasiones acompañado con títulos o cargos ostentados por el individuo[98].

Para poder acercarnos a la finalidad de estos mensajes debemos apoyarnos en su contexto, el cual no siempre conocemos. Así ocurre con la peculiar *intitulatio* de Andrés López procedente de la Catedral de Santa María *la Vieja* en Cartagena, motivo por el cual planteamos la hipótesis de que su sentido sea funerario. Mucho más evidente es el sentido funerario de la *intitulatio* de Esteban Almeida ejecutada sobre la hornacina de su monumento funerario en la iglesia de San Esteban, concebida como un gran panteón para el descanso eterno del obispo.

Más complejas son las *tituli propietatis sepulturae* cuyo mensaje tiene por objetivo dar a conocer la propiedad de un espacio funerario o una sepultura[99]. En Murcia son seis inscripciones que responden a este objetivo, tomando en el siglo XVI un protagonismo hasta ahora desconocido para otros periodos y convirtiéndose en la forma preferida[100] de algunos espacios, como la Catedral de Santa María *la Vieja* de Cartagena y la Colegiata de San Patricio en Lorca, para comunicar la sepultura de una o varias personas. Aunque un elevado número de estas inscripciones se encuentran descontextualizadas (las procedentes de la Catedral de Santa María *la Vieja*), sabemos que la mayoría de ellas actuaron como cierre de las sepulturas, o bien se emplazaron en un lugar inmediato a ellas como ocurre en los ejemplos conservados en la Colegiata de San Patricio.

Se componen todas ellas de una estructura muy similar mediante *intitulatio, notificatio* y *data*. Algunas emplean una forma intitulativa con expresiones como «*Sepultura de*», «*casa de mi*» o «*sepulcrum*» y otras expresan la posesión mediante la forma verbal «*es de*» precedida de «*este entierro*» o «*esta sepultura i enterramiento*».

Del mismo modo que en los *epitaphia* representa la parte esencial de esta tipología, en este caso para expresar quién o quiénes son los propietarios de la sepultura. Exceptuando el *titulus propietatis sepultura* de Junterón, se trata de in-

---

98 MARTÍN LÓPEZ Y GARCÍA LOBO, 2009: 192.

99 Ibíd.

100 Aunque no disponemos de estudios específicos para el periodo moderno, lo cierto es que de los *corpora* medievales solamente observamos un uso destacado en la provincia de Sevilla (20) MESTRE NAVAS, 2022: 101.

titulaciones sencillas que se limitan a la mención al nombre y apellido del propietario. Todas acompañan la intitulación de una mención a los herederos y a los familiares del propietarios para indicar que se trata de enterramientos colectivos mediante las fórmulas «*y sus herederos*», «*y deudos*», «*et haeredum suorum*» o, incluso, siendo la colectividad quien asume el papel principal de la *intitulatio* como en el *titulus propietatis sepultura* de los herederos de Pedro Bienvengud.

De la composición de esta fórmula podemos extraer que esta tipología fue empleada durante el siglo XVI murciano por personas y familias con una extracción social más baja que aquellos que emplearon las *epitaphia* ligadas a monumentos funerarios más destacados. Fundamentalmente se trata de linajes pertenecientes al patriciado urbano que habían ascendido socialmente integrándose en los cargos de poder de los concejos y en la institución eclesiástica y que se incorporan al hábito epigráfico por imitación a las prácticas de las clases privilegiadas de su entorno.

La excepción, como señalábamos, la personifica el *titulus propietatis sepultura* de Junterón ejecutado sobre el sarcófago reacondicionado del siglo III d.C (Fig. 17). En ella aparece intitulado del mismo modo que en otras inscripciones del conjunto, expresando sus dignidades más importantes: «*Don Gil Rodriguez de Junteron, protonotario de la santa sede apostolica y arcediano de Lorca en la iglesia de Carthagena*».

FIG. 17. *Titulus propietatis sepultura* de **Gil Rodríguez de Junterón**, conservado en el **Museo de la Catedral de Murcia**[101].

Es la única inscripción de esta tipología que cuenta con una *expositio* mediante la cual justifica de forma literaria la creación de su sepultura como el lugar donde deberá esperar hasta alcanzar la salvación el día del juicio final: «*en la qual he de morar hasta que me levante el postrero dia del universal i themeroso llamamiento*

---

101 Esta imagen ha sido cedida por el Catedrático de Arqueología de la Universidad de Murcia, José Miguel Noguera Celdrán.

a dar quenta del talento que me fue encomendado». Su texto se completa con una *apprecatio*, donde el arcediano ruega por su salvación mediante una extensa composición literaria escrita en primera persona: *«Plega aquel que murió en la cruz por me redemir no tomármela estrecha i a la gloriosissima siempre virgen madre suia no desampararme en la iornada, porque soi gran pecador i temo la ira del iusto iuez aunque con gran fe tengo esperanca en su misericordia»*. Y, finalmente, la fórmula roborativa aparece de forma clara con la expresión *«apareje esta mi morada que a de durar»*.

El sarcófago en el que fue enterrado el arcediano de Lorca fue hallado en 1998 tras una excavación de urgencia previa a realizar obras de conservación en la capilla. Son desconocidos los motivos por los que terminó enterrado en lugar de ocupar el lugar principal frente al altar, como así ordenaba el arcediano en su testamento[102].

Lo que resulta materialmente evidente es que los trabajos de adecuación del sarcófago no fueron terminados. En el lateral izquierdo observamos las huellas del proceso de adecuación del soporte para recibir, probablemente, un escudo e inscripción similares a los del lateral derecho (quizás unas armas del propio Junterón o las del papa Julio II como observamos en otros lugares de la capilla), pero que nunca fueron terminados. El error en la ordenación de los cuarteles que presentan las armas que acompañan a la inscripción finalizada puede ser el motivo por el que se desechó la obra.

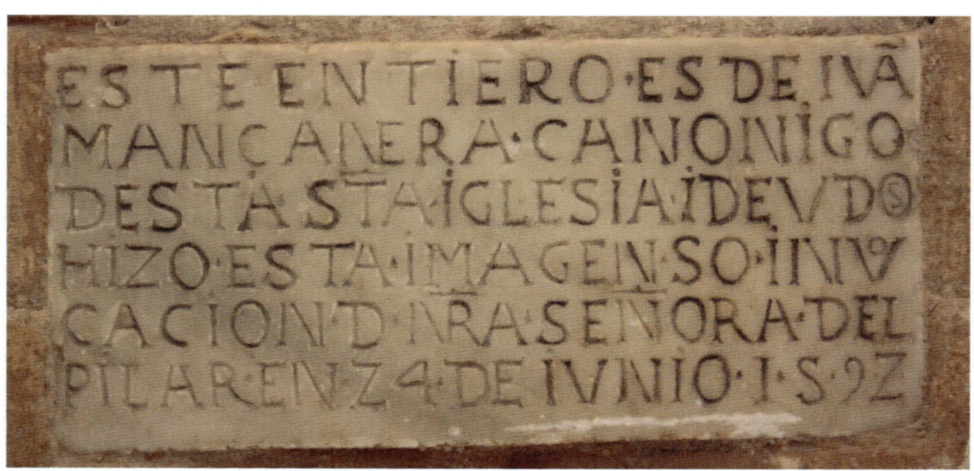

Fig. 18. *Titulus propietatis sepultura* de **Juan de Manzanera** en la **Colegiata de San Patricio, Lorca.**

---

102 Con fecha de 1543, el arcediano pedía que *«mi cuerpo cuando sea sepultado en la Iglesia mayor de Santa Maria desta cibdad, en mi capilla que en ella tengo, alto en la recapilla, delante del altar en una caja de mármol que yo tengo aparejada»* Archivo General de la Región de Murcia (AGRM), Not., 2761/2, fol. 61r.

Por su formulismo destaca también el *titulus propietatis sepultura* de Juan de Manzanera (Fig. 18) donde no solamente refiere a la sepultura, sino también a la imagen de la Virgen del Pilar situada sobre la inscripción y el lugar donde yacen los restos del canónigo y su familia. La expresión con un sentido innegablemente roborativo *«hizo esta imagen»* se acompaña de un texto que correspondería con la fórmula de la *directio*[103]: *«so invocacion de nuestra señora del Pilar»*. De este modo, el canónigo utiliza la comunicación epigráfica no solo para destacar el espacio privilegiado que ha obtenido para su sepultura y la de sus familiares, sino que también exhibe ante sus conciudadanos su labor como comitente y donante de una talla devocional para el primer templo de la ciudad de Lorca.

2.2. *Monumenta y tipologías vinculadas a la producción arquitectónica y artística*

Las *monumenta* se encuentran entre las tipologías más prolíficas de la epigrafía murciana del quinientos, evidenciando la dependencia que la actividad epigráfica mantiene durante toda la centuria de la actividad arquitectónica y artística. Esta subordinación es el motivo por el que inscripciones como las *datationes, suscriptiones* o *roborationes* ocupan también una espacio destacado en el conjunto estudiado, utilizando a la escritura expuesta para satisfacer la necesidad de dar a conocer la fecha de construcción de un edificio o una obra de arte, su autoría material y, sobre todo, la identidad de su benefactor.

La destacada presencia que tienen estas tipologías en el siglo XVI, en contraste con el periodo bajomedieval, es el resultado del auge constructivo impulsado por las instituciones de poder de la región, especialmente los concejos y el cabildo catedralicio, quienes buscan dejar constancia de su labor a partir de estos epígrafes y promocionarse como benefactores. Su objetivo principal, en efecto, no era dar noticia del fin de unas obras, sino comunicar la identidad de la persona o institución que las habían financiado. Por este motivo, estas inscripciones tienden a ser ubicadas en lugares de alta visibilidad para cumplir con una clara función de autorrepresentación y vanagloria[104].

El emplazamiento preferente en el conjunto murciano son las portadas de acceso a los edificios o estancias cuya construcción promociona la inscripción, bien aprovechando elementos arquitectónicos como el dintel o los entablamentos de la arquitectura renacentista, bien en soportes epigráficos insertos en el muro en

---

103 La fórmula que expresa la «persona (o personas) física, divina o espiritual a la que se dedica el acto conmemorado, sea una edificación, un objeto religioso (como un cáliz o una cruz), o se dejan ciertos bienes». SANTIAGO FERNÁNDEZ, 2020: 25.

104 GARCÍA LOBO Y MARTÍN LÓPEZ, 1996: 144.

lugares privilegiados del monumento o sus accesos. Dos de los tres ejemplos que aparecen emplazados en el interior del edificio cuya construcción notifican, lo hacen en dimensiones monumentales y sobre frisos que se extienden por los muros del edificio. El restante se ubica en la estructura del artesonado cuya construcción notifica.

Entre las *monumenta* del conjunto murciano distinguimos dos tipos: las *monumenta aedificationis*, aquellas que dan noticia de la construcción de un edificio o espacio, y las *monumenta restaurationis*, que nos informan de la restauración de una obra ya edificada. El grupo más numeroso es el de las *monumenta aedificationis*, siendo además uno de los más prolíficos de todo el conjunto, y los epígrafes que lo componen presentan un formulismo bastante estable en el que siempre están presentes la *intitulatio, notificatio* y *data*. Solamente en escasos ejemplos encontramos otras fórmulas que lo completan como la *invocatio,* la *directio* o la *apprecatio*.

La mayoría de ellas presentan un texto construido con un claro sentido roborativo del que podemos extraer la voluntad de destacar la personalidad del benefactor de la obra sobre el propio hecho conmemorado. La expresión *«mando hacer»* o su versión en latín *«me fecit»* dominan como fórmula notificativa preferente. Aunque menos numerosas, otras inscripciones recogen fórmulas que sí destacan el inicio o la finalización de las obras de construcción por encima de la labor del comitente con fórmulas como *«inceptum est»*, *«sempeço a edificar»*, *«se començo»*, *«se principio»*, *«se acabo»* y *«se cubrieron»*. Todas ellas acostumbran a ir acompañadas de una mención al objeto, y para ello recurren al genérico *«esta obra»* o a su versión en latín *«hoc opus»*. Otros ejemplos prefieren concretar el tipo de construcción a la que refieren: *«esta capilla»*, *«esta torre»*, *«estas dos capillas»* y *«hoc templum divi Stephani»*.

La última expresión mencionada la encontramos en el *monumentum aedificationis* y *dotationis* de la iglesia de San Esteban, ejecutado sobre una placa de mármol con un emplazamiento privilegiado junto al acceso al templo y bajo las armas del obispo Esteban Almeida (Fig. 19). Esta inscripción también destaca por utilizar dos verbos notificativos, *«construxit et dotavit»*, subrayando el papel del obispo como benefactor de la obra del templo, pero también como fundador y dotador económico de la institución que lo alberga desde 1555, el colegio de San Esteban a cargo de la compañía de Jesús.

Con el mismo autor moral, el *monumentum aedificationis* de la ermita de la Purísima Concepción incluye una segunda notificación que alude al acto de bendición del templo, protagonizado por el obispo Almeida. La inscripción, como es habitual en esta tipología se emplaza sobre la clave del arco de acceso original al templo y fue descubierta durante las obras de adecuación realizadas en 2009.

Fig. 19. *Monumentum aedificationis et dotationis* de la Iglesia y Colegio de San Esteban, Murcia.

La doble notificación también está presente en el *monumentum aedificationis* de la capilla de los Vélez. En este caso, encontramos el común *«mando hazer»* para comunicar que las obras de la capilla dieron comienzo por orden del adelantado Juan Chacón pero que fueron terminadas en tiempos de su hijo Pedro Fajardo, mediante la segunda notificación *«acabola»*. De este modo, la voluntad de ostentación y promoción personal[105] de aquellos que financiaron la construcción de este espacio vuelve a situarse en el centro del mensaje epigráfico, lo que convierte

---

105 Para este objetivo véase FAVREAU, 2022.

a las *monumenta* en una interesante fuente de información para extraer la procedencia social de algunos de los principales comitentes de la actividad arquitectónica desarrollada durante el siglo XVI y conocer los sectores de la sociedad que participaban en el hábito epigráfico.

Las instituciones concejiles son, con diferencia, el principal promotor de inscripciones de construcción y en ellas aparecen intituladas como colectivo mediante el nombre de la ciudad sin ningún añadido, *«Murcia»*, o aplicándole la fórmula *«los muy ilustres señores»*. Adicionalmente, estas inscripciones especifican el nombre de los miembros, o algunos de los miembros, que componen el concejo mediante la misma estructura que emplean para la data sincrónica introducida por el gerundio *«siendo»*. Una estructura similar encontramos en el *monumentum aedificationis* del palacio del Almudí, donde además de la *intitulatio* principal de los miembros del concejo encargados de la administración del edificio (*«Los muy illustres señores justicia y patrones del posito de pan»*), recurre a esta fórmula para destacar al corregidor Pedro de Rivera, *«siendo correjidor el ilustre cavallero don Pedro de Ribera de Vargas, vezino y regidor de Madrid»*. En este caso, parece responder a una práctica epigráfica promovida por el corregidor, pues encontramos la misma fórmula en el resto de *monumenta* en las que actúa como autor moral.

En tanto que todas las inscripciones que hacen uso de esta fórmula cuentan también con una datación explícita empleando el año, entendemos que la voluntad de incluir a las personas que ocupan los cargos del concejo no tiene una finalidad cronológica, sino de vanagloria y dar a conocer la identidad de quienes han promocionado la construcción del edificio al que refieren[106]. Queda justificado, además, cuando algunas prescinden de la mención colectiva explícita al concejo, como en el *monumentum aedificationis* del palacio del concejo de Jumilla y el *monumentum aedificationis* de la iglesia de Santiago.

El resto del conjunto de las *monumenta* lo completan cuatro inscripciones que «dan noticia de la reedificación de un templo o cualquier otro edificio caído en ruinas»[107]. Los cuatro ejemplos que incluimos en esta categoría del conjunto murciano responden a objetivos de comunicación muy concretos que se vinculan a la propaganda político-religiosa, funcionalidad que Vicente García Lobo y Encarnación Martín López relacionaron especialmente con las *monumenta*[108].

---

106   SANTIAGO FERNÁNDEZ Y FRANCISCO OLMOS, 2018: 62.

107   MARTÍN LÓPEZ Y GARCÍA LOBO, 2009: 193.

108   GARCÍA LOBO Y MARTÍN LÓPEZ, 1996: 137.

Estas inscripciones nos informan de la reedificación de conjuntos arquitectónicos y monumentos para destacar la personalidad política de las instituciones y las personalidades como benefactores de las obras a las que refieren, un objetivo de propaganda que queda ratificado al tratarse, en todos los casos conservados en Murcia, de reedificaciones ficticias de edificios que no existieron. La forma de estructurar estos discursos se hace a partir de una *expositio* que permiten contextualizar el discurso sobre la antigua edificación, la *intitulatio,* la *data* y el verbo notificativo que refiere a la reconstrucción.

Especialmente destacado es el caso del *monumentum restaurationis* del castillo de los Vélez en Mula (Fig. 20). Situada sobre el acceso a la torre del homenaje, la inscripción recoge con un texto en latín la noticia de reedificación de una ficticia fortaleza de época romana por parte del marqués de los Vélez y señor de la villa, Pedro Fajardo. Lo hace mediante un texto compuesto de *intitulatio* («*Marchio Petrus Fagiardus Primus*»); *expositio* («*hanc turrim erexit marcentem que arcem olim estructam ab Antonino Augusto Pio*» y *notificatio* «*reedificavit*») y finaliza mediante una *data* de tipo sincrónico «*imperante Charolo Caesare IIIII, Hispaniarum rege domino suo*», la cual además permite vincular políticamente al marqués de los Vélez con el nuevo monarca castellano. Esta relación resulta especialmente significativa al producirse inmediatamente después de la revuelta de las comunidades que enfrentó al marqués con el emperador[109], pero también contra la población de la Mula y otras localidades de su señorío, quienes se alinearon con los intereses de Carlos V. La construcción del castillo, justificada como una medida para reforzar el control de la población tras el levantamiento comunero, necesitaba de la legitimidad política que el máximo soberano castellano podía ofrecer y, por este motivo, su mención sincrónica en la inscripción resultaba esencial.

Fig. 20. *Monumentum restaurationis* **del castillo de Mula.**

---

109 ANDÚJAR CASTILLO ET AL., 2021: 47.

El *monumentum restaurationis* de la fuente del santuario de la Virgen de la Fuensanta (Fig. 21) emplea la singular *notificatio «reficiendum ovravit»* para referir a la construcción de la fuente monumental sobre el nacimiento natural de agua, además de atribuirse el concejo, intitulado como *«Murtia»*, haber conseguido aumentar su curso con las *expositiones: «fontem divae matri virgini salutiferum pene exhautum»* y *«tripo maioribus fluentem aquis ex aere publico»*. Como venimos observando, el concejo utiliza la *data* sincrónica para vincular su labor a la de las principales instituciones de poder del momento y, además, destacar la personalidad del corregidor Pedro Ribera de Vargas, del mismo modo que ocurre en otras inscripciones de este periodo.

Idéntico formulismo encontramos en el *monumentum restaurationis* de la casa de los Cuatro Santos. En la *expositio* enlista el nombre de los santos hispanorromanos y los vincula genealógicamente con la realeza visigoda, seguida por una *notificatio* mediante la fórmula *«reedificola»*, la *intitulatio «Don Sancho Davila y Toledo obispo de Cartagena»* y la *data*.

FIG. 21. *Monumentum restaurationis* de la fuente del Santuario de la Fuensanta, Murcia.

Más singular resulta la composición del *monumentum restaurationis* de la ciudad de Cartagena. Aunque su mensaje no refiere de manera explícita a una restauración arquitectónica, su emplazamiento sobre la fuente de Santa Catalina como parte del nuevo lienzo defensivo de la ciudad y el verbo notificativo *«renascens»* con el objetivo de promocionar el desarrollo arquitectónico de la ciudad promocionado por Felipe II y vincularla con su pasado monumental romano es el motivo por el que la categorizamos bajo esta tipología.

Como venimos señalando, la actividad arquitectónica y artística son el principal motor del hábito epigráfico en el Renacimiento murciano. Vinculada a ella encontramos tipologías como las *datationes,* inscripciones sencillas que «consignan solamente una fecha consistente, la mayoría de las veces, en el año»[110]. Suelen emplearse para comunicar la fecha final de las obras de un edificio o diferentes fases de su construcción, aunque también las encontramos sobre bienes muebles, como campanas u objetos litúrgicos, para consignar la fecha en la que fue elaborado. El total de ocho *datationes* (Fig. 22) localizadas consigna el año en números romanos y, especialmente, en arábigos y solamente la *datatio* de la sacristía de la Catedral completa la información con el mes y el día.

La subordinación a la actividad arquitectónica y artística produce también inscripciones como las *roborationes* y las *suscriptiones.* Ambas tipologías ofrecen un formulismo similar al de las *monumenta aedificationis* y emplean *notificationes* inspiradas en las *roborationes* documentales como *iussit fieri, fecit fieri* o la versión castellana «*mandó hacer*»[111], siempre acompañadas con la *intitulatio* que permite cumplir el objetivo de comunicación que pretenden estas inscripciones. La distinción entre estas tipologías solo es posible a partir de la identificación de la persona intitulada, que en la única *suscriptio* del conjunto refiere al maestro fundidor «*Ioannes Bracon*» despejando cualquier duda sobre la tipología epigráfica.

---

110 MARTÍN LÓPEZ Y GARCÍA LOBO, 2009: 191.

111 Ibíd., 193.

FIG. 22. *DATATIO* **EN EL ALTAR MAYOR DE LA COLEGIATA DE SAN PATRICIO EN LORCA.**

En algunas ocasiones, estas identidades se expresan únicamente como *intitulationes* que cumplen con el objetivo de expresar la propiedad de un espacio o un objeto como la *intitulatio* de Beatriz de Pineda que, además, cumple con un sentido roborativo. Del mismo modo, las *intitulationes* en las campanas de San Andrés y Santa María pueden ser interpretadas como *suscriptiones*[112].

2.3. *Explanationes*

Son treinta y cuatro ejemplos los que convierten a las *explanationes* en la tipología más extendida del conjunto murciano. En esta categoría englobamos algunos de los epígrafes que aparecen integrados o acompañando a composiciones iconográficas o heráldicas[113] y cuyo mensaje permite explicar una escena, completarla y dotarla de sentido mediante información verbal sobre los pasajes o personajes que en ella aparecen, identificar explícitamente al personaje que acompañan o a la identidad heráldicamente representada.

---

112 LLOP I BAYO, en línea.

113 MARTÍN LÓPEZ Y GARCÍA LOBO, 2009: 193.

La escritura expuesta se integra como imagen en otras composiciones y establece una relación con otros elementos en ellas para realzar y articular de manera conjunta mensajes concretos que cumplen con fines de muy diverso tipo. Las *explanationes* emergen en esa relación y a través de ellas la escritura se integra en discursos iconográficos para reforzarlos simbólicamente al mismo tiempo que, como medio de comunicación, los amplia y abre nuevos canales desde los que lanzar mensajes. En efecto, los epígrafes que acompañan a las imágenes entablan un dialogo diferente con el espectador, permitiéndole identificar la imagen que acompañan y precisar de manera concreta enseñanzas a partir de textos que aluden a ella o la completan. Al mismo tiempo, el propio valor que la escritura publicitaria poseía como símbolo era utilizado por los autores de estas composiciones para darles una dimensión y un significado mayor[114]. Ambas funciones, la explicativa y la simbólica, existen y se complementan en estos letreros.

Según el contenido de su mensaje y el tipo de imagen a la que acompañan distinguimos entre tres categorías de *explanationes: intitulativae, doctrinales* y *clypei.*

a. *Explanationes intitulativae.* Diez de las *explanationes* del conjunto se componen de la mención nominal al personaje representado iconográficamente que acompañan permitiendo su correcta identificación. Adaptan diferentes disposiciones, siempre próximas a escenas y esculturas con los personajes que intitulan. En ellas se incluyen también los *tituli crucis,* con las siglas «*INRI*» en tanto que acompañan y explican la identidad de Cristo crucificado. No solamente aparecen vinculadas a personajes, sino que las *explanationes intitulativae* también sirvieron para identificar lugares, como ilustra el ejemplo del pendón de las Alpujarras, donde el mensaje «*cantoria cibdad*» convierte al castillo bordado en la representación iconográfica de esta ciudad.

b. *Explanationes doctrinalis.* Nueve son las inscripciones que acompañan a imágenes y contienen mensajes, normalmente extraídos de textos narrativos, que aluden directamente a la escena representada y la completan con información verbal sobre su contenido. Los mensajes que exhiben estas inscripciones permiten al lector profundizar en el significado de la escena y se componen, mayoritariamente, de textos que recurrentemente se asocian con iconografías concretas, como la invocación mariana en la imagen de la Anunciación, el fragmento del evangelio según San Juan[115], «*Ecce agnus dei*», en una filacteria sostenida por el

---

114 DEBIAIS, 2017: 327-328.

115 Jn. 1: 29.

evangelista o el pasaje «*Ecce Homo*»[116] acompañando a la iconografía del Cristo presentado al pueblo del relato joanico.

Algunas de las *explanationes doctrinalis* son menos ordinarias y se componen de fragmentos más extensos y complejos. Es el caso del conjunto de *explanationes doctrinalis* que acompañan al grupo escultórico de sibilas y profetas ubicado en la capilla de Junterón, cuyos textos se extraen del libro IV de las *Instituciones Divinas* de Lactancio. Este programa iconográfico y epigráfico que adquirió una enorme popularidad durante el Renacimiento a partir de la apropiación de un tema clásico (las sibilas adivinas) para la defensa de la doctrina cristiana apoyándose en los textos de los apologetas de la tardoantigüedad[117]. En el conjunto murciano, los fragmentos de la obra de Lactancio que anuncian la venida del mesías aparecen acompañados por la intitulación de la sibila o el profeta representado escultóricamente sobre la inscripción.

Más complejo de definir es el texto literario que aparece materializado sobre una filacteria en el muro exterior de la capilla de los Vélez con el mensaje «*bien por mal por bien megor*». Junto a esta inscripción encontramos una representación escultórica del apóstol Santiago sobre un pedestal en el que una figura semi-humana trata de escalar, con la que creemos que su texto guarda algún tipo de relación. Aunque no hemos podido demostrar la vinculación entre la inscripción y esta imagen, consecuencia de la compleja identificación de esta composición escultórica, creemos que su relación contextual y la imposibilidad de atribuir otros sentidos al texto de la inscripción nos obligan a comprenderla en sentido explicativo.

*c. **Explanationes clypei**.* En esta categoría incluimos a todos los textos epigráficos a que «acompañan a los escudos»[118]. La complejidad del fenómeno heráldico provoca que las inscripciones vinculadas a este sistema de comunicación emblemática muestren una variedad de mensajes con finalidades distintas, si bien, todas aquellas que se engloban dentro de esta tipología responden a ejemplos en los que la escritura expuesta se pone al servicio del discurso heráldico[119]. En nuestro estudio hemos localizado quince ejemplos.

En primer lugar, encontramos las inscripciones cuyo mensaje tiene un sentido explícitamente explicativo y su texto comunica el nombre de la persona o

---

116 Jn. 19: 5
117 MORALES FOLGUERA Y HENARES CUÉLLAS, 2008: 30-35.
118 MARTÍN LÓPEZ Y GARCÍA LOBO, 2009: 195.
119 FERNÁNDEZ MARTÍNEZ, 2021: 129-144.

el linaje que se identifica con el emblema heráldico al que acompañan. Suelen ejecutarse sobre carteles situados junto al escudo y se estructuran mediante la fórmula *«es de»* o *«armas de»* acompañadas del nombre del linaje o, menos frecuente, el nombre propio de una persona. En el caso de la *explanatio clypei* de Felipe II no introduce el nombre del monarca mediante ninguna fórmula y se estructura mediante una *intitulatio* y una *data*, mientras que la del papa Julio II además de la fórmula *«armas de»* incluye un epíteto de alabanza *«de gloriosa memoria»*.

Como ya hemos señalado en otros apartados de este trabajo, la escritura es también un símbolo que trasciende a su valor como medio de comunicación. El sistema heráldico, desde su origen, había integrado una amplia diversidad de signos como figuras heráldicas y la escritura no quedará exenta incorporarse en él. Del mismo modo que un león o un águila, la escritura publicitaria aparecerá como figura heráldica dentro del campo del escudo y, cuando éste se traslada a un soporte material, estas figuras heráldicas se convierten en inscripciones que también categorizamos como *explanationes clypei*. Son mensajes epigráficos que, en consecuencia, se repiten tantas veces como lo haga la composición heráldica a la que pertenecen. En el conjunto murciano solamente hemos localizado dos ejemplos que responden a este tipo de inscripción y van desde composiciones breves como el popular lema del *«Ave Maria»* sobre el emblema de Mendoza de la composición heráldica de Mencía de Requesens Zúñiga y Gralla, hasta fórmulas mucho más extensas como la *explanatio clypei* del concejo de Lorca que ejecuta las armas del concejo sobre dos escudos, extendiéndose este epígrafe sobre sus dos orlas.

Finalmente, el tercer grupo de las *explanationes clypei* está representado por epígrafes que se emplazan entre los elementos exteriores del escudo[120]. Entre esos elementos, encontramos también filacterias con escritura que exhiben mensajes variados compuestos por rimas ingeniosas, oraciones, lemas o fragmentos narrativos extraídos de composiciones librarias que tienen por objetivo exaltar la grandeza y las virtudes individuales. Los ejemplos del conjunto murciano explican de forma narrativa el mensaje que comunican composiciones heráldicas como en la *explanatio clypei* del corazón de Alfonso X (*«Intemeratae fides meruit praecordia»*) en alusión a la concesión de Felipe II del emblema del corazón al concejo murciano. También en la *explanatio clypei* de la composición de la matrona (*«charitas quae ad creationem cogit ipsa cogat ad regendum»*) que evoca a la caridad como razón de

---

120 De este modo referimos a todos los elementos que se añaden al emblema heráldico fuera de los límites del escudo y que tienen por objetivo individualizar y dignificar una representación heráldica (coronas, cimeras, cruces e insignias de órdenes militares, etc.), representando la personalidad social del individuo que se identifica con él. FRANCISCO OLMOS, 2022: 56.

existencia del Palacio del Almudí o alhóndiga. Esta institución aparece en esta composición heráldica representada a través de una matrona que amamanta a un niño acompañada de seis coronas, emblema heráldico de la ciudad de Murcia, y timbrada por un pelícano, también símbolo de la caridad. Más genérico es el mensaje de la *explanatio clypei* de Bracamonte que, a modo de lema, exalta de forma alegórica la virtud de la nobleza («*nobilitas atrahit virtum autem sustentat*»).

En último lugar destacamos la *explanatio clypei* de las armas de Chacón con un complejo mensaje extendido sobre las filacterias que rodean el escudo y los salvajes tenantes. Su texto reflexiona en primera persona sobre la condición de los salvajes, contrapuestos a las virtudes de la nobleza, y su situación apartados, temidos y repudiados por la sociedad.

2.4. *Invocationes* y *hortationes*

Las *invocationes* son aquellas cuyo texto «recoge una breve oración a Dios, a la Virgen o los santos»[121] y cumple con la misión de invitar al fiel a la oración con un claro valor devocional y moralizante[122]. El contexto y los objetivos de comunicación que persiguen los autores morales de estas inscripciones determinará los fragmentos narrativos que se publicitan a través de ellas, procedentes fundamentalmente de cantos litúrgicos y antífonas, los evangelios y la Biblia.

Son un total de veintidós ejemplos que encontramos ejecutados sobre múltiples soportes, destacando los muros de los principales templos de la región, las campanas, objetos litúrgicos o los retablos.

Entre todas, sobresalen dos composiciones que se repiten con mayor frecuencia en el conjunto. Las *invocationes* que reclaman la intercesión de la Virgen son las más recurrentes generalizándose la oración del 'Ave María' con una extensión variable. Aparece en todos los casos en su versión del texto latino extraído del Evangelio según San Lucas[123] y la encontramos sobre objetos litúrgicos o invitando a la oración en los muros de las naves principales de las iglesias, como en la ermita de la Concepción.

En segundo lugar, las *invocationes* más recurrentes del conjunto murciano son las *nomina sacra* de Jesucristo con un texto sencillo que se compone de las diferentes formas de abreviar el nombre de Jesús.

---

121 MARTÍN LÓPEZ Y GARCÍA LOBO, 2009: 195.

122 GARCÍA LOBO Y MARTÍN LÓPEZ, 1996: 135.

123 Lc. 1: 28-42.

El resto de los textos presentan una mayor diversidad en cuanto a extracciones, y se adaptándose al contexto para el que han sido diseñados y seleccionados. Las inscripciones sobre campanas, cuyas *invocationes* contribuyen a reforzar la función apotropaica del objeto, se formulan mediante textos que ruegan la intercesión de la divinidad para obtener la protección sobre la comunidad o invocar fenómenos naturales como las lluvias. La procedencia de estos textos es amplia y encontramos fragmentos de la letanía de los santos y las laudas galicanas, alabanzas a Dios, a la Virgen o peticiones de intercesión que refieren a santos concretos a los que se dedica la campana mediante textos como la colecta de San Andrés o el ruego a la oración de Santa Bárbara.

Cuatro de las *invocationes* se encuentran en contextos funerarios acompañando y compartiendo soporte como parte del sepulcro con otras inscripciones de la categoría *funera*. Dos, ubicados en los monumentos funerarios de Junterón y Alonso de Guevara, se componen de textos que aluden a la resurrección de la carne, extraídos del libro de Job[124] y de la oración del credo; la tercera, en el sepulcro de Magdalena Cicada, tiene un carácter exhortativo que insta al buen comportamiento del fiel advirtiéndole mediante este fragmento del Libro del Eclesiástico *«memorare novissima tua et in aeternum non pecabis»*[125]; el cuarto posee un sentido propio como fórmula de buenos deseos que alude al descanso eterno citando el Salmo 4 *«in pace in idipsum dormiam et requiescam»*[126].

Con una composición y objetivos similares, las *hortationes* son el grupo de inscripciones cuyo mensaje invita al lector a adentrarse a un espacio con compostura y a poner en práctica las virtudes cristianas[127]. Son, en palabras de Natalia Rodríguez Suárez, «recomendaciones al buen comportamiento o a la virtud»[128] en las que su emplazamiento junto a los accesos de un espacio concreto contribuye a reforzar su sentido exhortativo y moralizante, preparando al lector para adentrarse en él.

Identificamos en el grupo epigráfico estudiado cuatro ejemplos de inscripciones cuyo mensaje tiene un sentido indudablemente exhortativo. Dos se encuentran sobre lugares destacados de los accesos a un templo y contienen mensajes extraídos, como las *invocationes,* de la Biblia. Son inscripciones que anuncian la entrada a un lugar sagrado y reservado para la oración, invitando al lector a aden

---

124 Jb. 19: 25-26.

125 Eclesiástico. 7: 36.

126 Salm. 4: 8.

127 MARTÍN LÓPEZ Y GARCÍA LOBO, 2009: 195.

128 RODRÍGUEZ SUÁREZ, 2016: 43.

trarse en el con la compostura adecuada. Se trata de mensajes explícitos como el fragmento de la Epístola de los Filipenses «*In nomine Ihesus omne genu flectatur*»[129], el fragmento del Génesis «*hec est domus dei*»[130] o del Evangelio de San Mateo «*Domus mea, domus oracionis bocabi*»[131].

Similar al sentido explicativo de estas dos últimas *hortationes* destacamos una inscripción de la capilla de Junterón cuyo mensaje anuncia el carácter funerario del espacio. Grabada sobre la losa que cierra el acceso a la cripta en la entrada de la capilla, su texto es indudablemente de carácter exhortativo, invitando al lector a mantener la compostura en un espacio funerario mediante la expresión «*Aquí viene a parar la vida*».

A partir de la segunda mitad del siglo XVI, observamos que algunas de estas inscripciones comienzan a incluir en su composición una alusión a la procedencia libraria del mensaje epigráfico, citando el texto de donde han sido extraídos.

2.5. *Otras tipologías epigráficas*

Entre el resto de los mensajes que exhiben las inscripciones del Renacimiento murciano, llama la atención la recuperación de un tipo epigráfico práctica desaparecido casi por completo durante la Baja Edad Media[132], nos referimos a las *consecrationes*. Aquellas inscripciones que «recogen la noticia de la consagración de una iglesia o altar»[133] reaparecen en el siglo XVI y como ejemplo de las prácticas epigráficas de un nuevo contexto social y cultural.

La *consecratio* del altar de la capilla de Junterón y la del altar de la capilla de la Transfiguración utilizan la misma composición para su *notificatio,* basada en la fórmula explicativa «*la losa que esta encima de esta pormesa de altar es ara consagrada*» que en el caso de la capilla de Junterón supone la totalidad del mensaje epigráfico. El texto de la *consecratio* en la capilla de la Transfiguración se completa con la *intitulatio* del obispo Sancho Dávila como encargado de la ceremonia de consagración y la *data.*

Por su parte, las dos *consecrationes* de la ermita de la Concepción de Cehegín se estructuran con una composición formular diferente. Se trata de dos inscripciones con el mismo mensaje, en latín y en castellano, cuyo objetivo de comunicación

---

129 Fil. 2: 10.

130 Gen. 28: 17.

131 Mat. 21: 23.

132 PEREIRA GARCÍA, 2020: 170.

133 MARTÍN LÓPEZ Y GARCÍA LOBO, 2009: 191.

parece estar en la voluntad de destacar la presencia y la participación de Diego de Loaysa, obispo de Modruš, en el acto de consagración. La inscripción en castellano se compone de una *notificatio* con un texto explicativo que refiere a las cruces de la consagración, la *intitulatio* y la *data*. Algo más compleja es la estructura del texto latino añadiendo una *expositio* («*purpurae monstrant populo signacula crucis*»), y la *directio* («*Mariae*»), a las fórmulas ya presentes en la composición castellana de *intitulatio, notificatio* y *data*.

Merece también ser destacada la singular *donatio* de la Virgen del Pilar en la Colegiata de San Patricio de Lorca. Mediante la fórmula notificativa «*ex voto*» y la intitulación «*Ioani Mancanera canonicus huius eclesiae*» articula un mensaje epigráfico sencillo para dejar constancia de la identidad de la persona que ofreció la imagen de la Virgen del Pilar como donación para la ornamentación de la capilla, quedando cerrada por la expresión de la *data*.

Finalmente, el conjunto murciano nos ofrece dos inscripciones cuya *notificatio* emplea el verbo «*concessit*» / «*concedio*», atribuidas como propias de las *decreta indulgentiarum,* es decir, aquellas que «recogen la concesión de indulgencias por el papa, los cardenales, o los obispos a una iglesia, a un altar o a una imagen, siempre que, además de las condiciones generales, se cumplan ciertos requisitos»[134].

Si bien el primer ejemplo de esta tipología, el *decretum* de San Gines, no comunica una concesión de indulgencias, sino que da noticia de la concesión de los oficios religiosos al monasterio con advocación a San Ginés de la Jara en su festividad del 25 de agosto por parte del papa Paulo III. Esta concesión se comunica mediante una estructura formular compuesta por una *data, intitulatio,* la *expositio* que recoge la petición de la concesión por el padre Vicente Lunel, y la *notificatio* con la fórmula «*concessit festum*».

El *decretum* que sí categorizamos con el genitivo *indulgentiae* es el de la capilla del Corpus Christi. En él se recoge la concesión del perdón para un alma en el purgatorio por cada misa rezada sobre el altar de la capilla por el papa Gregorio XIII. La inscripción cuenta, además, con una fórmula roborativa mediante «*lo mandaron publicar*» que precede a la *data*.

---

134 Ibíd.

3. ¿A QUIÉN SE DIRIGEN LAS INSCRIPCIONES?

Identificar de manera precisa la figura del destinatario de un epígrafe es, ciertamente, una tarea compleja. Acertadamente, autores como Vicente García Lobo han destacado entre sus rasgos característicos aspectos como la «indefinición, multiplicidad y trascendencia»[135], en tanto que las características materiales de las inscripciones permiten, superando la voluntad de sus autores, que sean vistas, leídas y percibidas por colectividades humanas que se encuentren ante ellas a lo largo del tiempo. Esta circunstancia es el motivo por el que continuamos defendiendo la definición de la comunicación epigráfica como una «publicidad universal y permanente»[136], a pesar de que esta afirmación, como en cualquier ciencia humana, no puede enunciarse en términos absolutos y en numerosos ejemplos deba estar sujeta a matizaciones y restricciones[137].

Efectivamente, cualquier persona en cualquier momento puede convertirse en un destinatario imprevisto, especialmente cuando los epígrafes quedan descontextualizados o su ambiente original[138] se ve profundamente alterado por el paso del tiempo. Pero estos destinatarios que «por cualquier circunstancia ha llegado al epígrafe y lo ha leído desde su origen hasta la actualidad»[139] se diferencian, como sostiene Alejandro García Morilla, de las personas hacia las que el autor moral activamente dirige la comunicación epigráfica y para las que diseña el mensaje y la forma de comunicarlo. En esta línea autores como Vincent Debiais proponen acertadamente una distinción entre el destinatario, un ser físico o espiritual hacia el que se dirige de manera directa el contenido textual de la inscripción, y el público, que engloba a todos los individuos que por sí mismos perciben en algún momento la inscripción, tengan o no capacidad de leerla[140].

Conocer la identidad del destinatario hacia quien directamente se dirige el mensaje epigráfico es esencial para aproximarnos de manera precisa a la funcionalidad de un epígrafe. Asimismo, no podemos ignorar que otros individuos ajenos a ese colectivo, incluso desconociendo sus códigos de comportamiento, pudieron ver, leer o percibir estas inscripciones de distintas formas como un pú-

---

135 GARCÍA LOBO, 2001: 90.

136 Ibíd.

137 RODRÍGUEZ SUÁREZ, 2012: 152-154.

138 En este aspecto son especialmente interesantes las interpretaciones de los autores que intervienen en la obra colectiva FERRAIUOLO, 2022.

139 GARCÍA MORILLA, 2015: 27.

140 DEBIAIS, 2009: 15.

blico inintencionado cuya forma de aproximarse a estos objetos escritos también nos habla de la funcionalidad de las inscripciones y el papel social que ejercen. Este público es, efectivamente, mucho más complejo de definir y conocer en su completa dimensión, lo cual no es prueba de su inexistencia.

El autor moral acude a las inscripciones para cumplir con objetivos concretos y lo hace influenciado por su contexto geográfico, social y cultural. El autor mediante la inscripción pretende generar una reacción determinada, y no siempre explícita en el texto de la inscripción[141], que justifica su emplazamiento y la forma que adquiere. En el periodo y región de nuestro estudio, la Murcia del siglo XVI, algunas de las reacciones más frecuentes que los autores buscan provocar en el destinatario tienen que ver con despertar la admiración sobre un linaje o una institución, invitar a la oración o a tener actitud de devoción, solicitar la intercesión de un santo o la divinidad o hacer sentir la presencia de las instituciones de poder en los nuevos entornos urbanos.

Para cumplir estos objetivos, el autor moral seleccionaba el lugar óptimo donde exhibir la inscripción, garantizando así que el destinatario correcto recibiera su mensaje y generar en él la reacción esperada. El rogatario, encargado de materializar el mensaje epigráfico, daba forma a la inscripción[142] y la dotaba de los recursos publicitarios necesarios para cumplir con los objetivos que el autor moral había establecido. De este modo, el emplazamiento, la legibilidad y la perdurabilidad[143] de la inscripción estaban condicionados por los objetivos establecidos por el autor moral y, en consecuencia, por la figura del destinatario a quien quería dirigir la comunicación epigráfica pero no por el potencial público inintencionado, que como hemos señalado está caracterizado por la indefinición y siempre es susceptible de ampliarse.

En efecto, los autores morales promocionaban inscripciones pensando en destinatarios restringidos y definidos, lo que permite explicar la elección de emplazamientos con visibilidad reducida o, incluso, inaccesibles. Las capillas funerarias en los templos, especialmente la Catedral, son el principal espacio de actividad epigráfica en el Renacimiento murciano, algunas de ellas custodiando prolíficos programas epigráficos como el de la capilla de Junterón. Sin embargo, estos lugares eran una propiedad privada del linaje o la persona que había financiado su construcción y, en numerosas ocasiones, su acceso quedaba restringido a sus pro-

---

141 GARCÍA MORILLA, 2022: 299-324 y FERNÁNDEZ MARTÍNEZ Y FRANCISCO OLMOS, 2022: 427-440.

142 CEBRIÁN FERNÁNDEZ, 2000: 27-33.

143 GARCÍA LOBO, 2001: 90

pietarios[144] y a los clérigos encargados de las celebraciones litúrgicas establecidas en las capellanías. El destinatario de las inscripciones emplazadas en estos lugares quedaba, consecuentemente, reducido a las personas que solamente en determinados momentos podían acceder a su interior, individuos que pertenecían al mismo grupo social de los autores morales[145].

El ejemplo de la capilla de Junterón ilustra perfectamente esta situación. En ella, el arcediano de Lorca materializó un complejo programa iconográfico, epigráfico y heráldico sobre la muerte y la resurrección en el juicio final que, a su vez, glorificaba su personalidad política, vinculándose al papa Julio II. Este discurso, cargado de un elevado contenido teológico y político, estaba dirigido a sí mismo, como un mecanismo de reafirmación; al resto de miembros del cabildo catedralicio, con una amplia formación humanista[146]; y hacia las élites eclesiásticas del futuro, con el objetivo de ser recordado como una de las principales figuras políticas y culturales del Renacimiento murciano. Este complejo programa, que alcanza su máxima expresión a través del conjunto epigráfico-escultórico de sibilas y profetas, halla en el interior de la capilla el espacio óptimo para exhibirse, donde solo podía ser visto por las personas que tuvieron el privilegio de acceder a él. Si bien, parte de este grupo epigráfico presenta una vocación publicitaria mucho más determinada eligiendo los muros exteriores de la capilla o lugares visibles desde el exterior para su emplazamiento (Fig. 23). Compuesto fundamentalmente por *explanationes clypei* y un *monumentum aedificationis* buscaba transmitir un mensaje más sencillo y directo: dar a conocer la propiedad de este espacio y glorificar el poder político y económico del arcediano. Su intención, en efecto, era reservar para sus iguales un discurso más

144 Aunque ciertamente algunos textos epigráficos ven comprometida su legibilidad por un público general y amplio al quedar "encerrados" detrás de las rejas de la capilla, no podemos tampoco ignorar como otros eran capaces de traspasar esta frontera física y ser percibidos desde el exterior de las capillas. El *monumentum aedificationis* de la capilla de los Vélez, gracias al módulo de sus grafías, es un ejemplo paradigmático en este sentido pero también lo son inscripciones como el *epitaphium sepulcrale* de Gerónimo de Roda o el *epitaphium sepulcrale* de los Bustamante, también en la capilla de Junterón, que por su emplazamiento cercano a las rejas son percibidas con facilidad desde el exterior de la capilla.

145 En su estudio específico de las inscripciones en el arte pictórico bajomedieval y renacentista, Julio Macián Ferrandis acierta en sus interesantes interpretaciones sobre la funcionalidad epigráfica al señalar el consumo endogámico de los textos exhibidos en estos espacios restringidos. Para el autor, las propias personas que encargaban la inscripción y los miembros de su estamento social cerrado eran los principales destinatarios de los mensajes epigráficos ejecutados sobre los retablos. Véase MACIÁN FERRANDIS 2022: 233.

146 Los miembros del cabildo catedralicio de la primera mitad del siglo XVI conformaron una élite intelectual local en la que destacó la figura humanista de Gil Rodríguez de Junterón. Véase OLIVARES TEROL, 1994: 27-68.

complejo y profundo al tiempo que aseguraba que toda la comunidad política que habitaba la ciudad de Murcia conociera su figura y el lugar que ocupaba en la pirámide social local, mostrándose como benefactor de la gran obra arquitectónica del Renacimiento murciano.

FIG. 23. CONJUNTO EPIGRÁFICO EN EL ACCESO A LA CAPILLA DE JUNTERÓN EN EL LADO DE LA EPÍSTOLA DE LA CATEDRAL DE MURCIA.

Fig. 24. Fragmento de la *invocatio* dentro del sarcófago de Gil Rodríguez de Junterón, conservado en el Museo de la Catedral de Murcia[147].

También como parte de este amplio conjunto epigráfico, conservamos un epígrafe de especial interés para el estudio de la visibilidad y la figura del destinatario. Nos referimos a la *invocatio* grabada en el interior del sarcófago donde se enterró el arcediano con el texto «*Credo quod redemtor meus vivit, et in novissimo / die de tera surecturus sum et in carne mea videbo / Deum salvatorem meum*» (Fig. 24). El emplazamiento oculto de esta inscripción pone en cuestión su visibilidad y, consecuentemente, su legibilidad y función publicitaria. Como especificábamos anteriormente, algunas inscripciones debieron estar concebidas para dirigirse a un destinatario inmaterial, la divinidad[148], y entre ellas podemos ubicar el epígrafe al que referimos, cuyos principales destinatarios no pudieron ser otros que la divinidad y los restos mortales del arcediano. Del mismo modo que ocurre con las *invocationes* ejecutadas sobre campanas[149], esta inscripción desempeña una función casi performática[150] designando a través de su mensaje sobre la resurrección la funcionalidad funeraria del emplazamiento, sellado y reservado al descan-

147 Esta fotografía ha sido cedida por el Catedrático de Arqueología de la Universidad de Murcia, José Miguel Noguera Celdrán.

148 DEBIAIS, 2009: 15.

149 FERNÁNDEZ MARTÍNEZ, 2021: 583-597.

150 De especial interés son los análisis de Vincent Debiais sobre la relación entre la inscripción y aquello que designa en el arte medieval. DEBIAIS, 2013: 169-186.

so de los restos mortales del arcediano, actuando como un rezo ininterrumpido en el tiempo que pretende acompañar y preparar al difunto y a su alma para el día del juicio final. Esta inscripción, sin embargo, también tuvo que ser vista y leída por el rogatario encargado de materializarla, el propio arcediano en vida y por las personas que estuvieron presentes y participaron de manera activa en la ceremonia de su inhumación[151] que, tal y como recoge su testamento, fueron «*todos los clerigos parrochiales desta cibdad*»[152].

En efecto, la presunta 'universalidad' hacia la que se dirige de manera directa este epígrafe ha de ser matizada según los objetivos de comunicación que se pretenden a través de él. Si bien, la concreción del destinatario no implica que cualquier otra persona o colectivo, alfabetizado o no, deje de ser un potencial lector o espectador de un objeto cuya naturaleza material es la exhibición pública[153]. Sus rasgos materiales, en efecto, son los causantes de que hoy esta inscripción descontextualizada sea legible y visible, del mismo modo que lo fue para el séquito que le acompañó en la ceremonia de inhumación.

Los rasgos materiales de las inscripciones y, especialmente, el tipo de escritura que emplea permiten una identificación rápida para las personas que en cualquier momento se encuentren frente a ella. Esta escritura fue definida por Vicente García Lobo como una escritura publicitaria[154]. A partir de ella, el rogatario llama la atención y atrae miradas mediante letras claras y llamativas que permiten a las personas con la capacidad de interpretarlas una identificación sencilla e inmediata del mensaje epigráfico. Además de la escritura, el rogatario tiene a su disposición numerosos recursos materiales para aumentar el efecto de notoriedad y que llaman la atención al potencial lector aumentando, consecuentemente, las posibilidades de que el epígrafe sea leído. Diseñar las letras con un módulo que rompe la monotonía visual, trazarlas mediante surcos que generan contrastes de sombra y luz, recurrir a colores llamativos y elementos decorativos para llamar la atención, organizar el texto mediante impaginaciones armónicas y, por supuesto, la elección de un emplazamiento visible son algunos de los factores[155] que con-

---

151 Sobre la celebración de exequias en el antiguo régimen Véase JARA FUENTES, 1996: 861-883, y GADOW, 1986: 347-356.

152 AGRM, Not., 2761/2, fol. 61r.

153 Véase PETRUCCI, 1999: 183-272.

154 De esta manera define Vicente García Lobo a una forma de materializar la escritura que es propia de las inscripciones, pero no exclusiva. El autor emplea el adjetivo publicitaria como sinónimo de notoriedad, subrayando así que su razón de ser es «destacar y llamar la atención sobre un escrito o parte de él». GARCÍA LOBO, 2010: 35.

155 Vicente García Lobo refiere a ellos como 'recursos publicitarios'. Ibíd., 36-37.

tribuyen a que una inscripción sea lo más visible y legible posible. En definitiva, la materialidad de la inscripción garantiza que sus posibilidades comunicativas trasciendan en numerosas ocasiones los objetivos perseguidos por sus autores.

Reconociendo la existencia de elementos materiales que facilitan percibir una inscripción, ¿podemos asegurar que eran leídas por todas las personas que las veían? Aunque la sociedad del periodo de nuestro estudio se encontraba familiarizada con la escritura y la expansión de la imprenta favoreció que la capacidad de leer se extendiera de forma generalizada[156], la forma de aproximarse a la escritura expuesta nunca va a ser homogénea y generará reacciones diferentes según el espectador. La capacidad de leer y el nivel cultural del público determina la manera en la que éste accede al texto epigráfico y, conscientes de ellos, los autores utilizaban todos los recursos para cumplir con sus objetivos de comunicación.

Las inscripciones, como sostiene la profesora Martín López, podían ser identificadas y comprendidas por el espectador analfabeto desde un punto de vista semiótico y contextual, pero también a través de intermediarios y lecturas colectivas que le permitían conocer su contenido textual[157]. Algo que, por otra parte, dado el carácter conciso y directo de una gran mayoría de mensajes epigráficos no siempre resultaba necesario.

La escritura expuesta es también imagen y símbolo y su poder visual es en sí mismo un canal de comunicación. La omnipresencia de la escritura en determinados ambientes permitía a una sociedad familiarizada con sus usos conocer qué tipo de mensajes podía consignar sin necesidad de leerla de manera activa. La simple identificación visual de un epígrafe, acompañada de la información del contexto[158] y del resto de elementos de su entorno, garantizaba el acceso de manera superficial al mensaje epigráfico. Vincent Debiais refiere a este tipo de identificación visual de la inscripción como 'lectura epigráfica', entendiéndola como una manera de percibir y comprender la inscripción basada en la experiencia[159].

En efecto, existirán destinatarios que se detengan y lean en profundidad el mensaje epigráfico, reflexionando sobre su significado y contenido; otros espectadores, sin embargo, se encontrarán ante él y simplemente lo verán, interpretando el significado de la presencia de escritura en un monumento o espacio

---

156 SANTIAGO FERNÁNDEZ, 2015: 523.

157 MARTÍN LÓPEZ, 2019: 205-206.

158 Una información que, a su vez, se completa a partir de la percepción de la propia inscripción. FERRAIUOLO, 2023: 51-64.

159 DEBIAIS, 2009: 243-246.

concreto a partir de la información que otros elementos le proporcionan, sin mostrar ningún interés por leer su contenido textual.

Esta forma de acercarse a las inscripciones era conocida y tenida en cuenta por sus autores y, en algunos ejemplos, parece tener más valor que su legibilidad[160]. En el conjunto murciano, el grupo de inscripciones ejecutadas en las filacterias sostenidas por los apóstoles del retablo de 'San Juan en Patmos' es un ejemplo perfecto en este sentido. La profusión de abreviaturas, la ejecución de letras volteadas, invertidas y con cruzamientos dificulta considerablemente la lectura, primando sobre ella el carácter visual de la inscripción (Fig. 25). Estas inscripciones son un buen ejemplo de cómo la escritura, actuando como elemento configurador de la imagen y no como un añadido a esta, prioriza su interlocución con la propia imagen. Y, a pesar de ello, la oración del 'Símbolo de los Apóstoles' que imprimen sobre el retablo es hoy igual de legible para una persona alfabetizada y con la voluntad y el interés por acceder a su contenido como lo fue en el pasado. Podemos concluir que el modo de acceder a una inscripción es diverso y adaptado al grado de alfabetización del lector o espectador e, incluso, al interés y a las modalidades de lectura desarrolladas[161]. El carácter publicitario de la inscripción no quedaría determinado exclusivamente por su legibilidad, sino también por su visibilidad y capacidad de atraer miradas sobre sí misma.

FIG. 25. INSCRIPCIONES DEL CONJUNTO EPIGRÁFICO DEL RETABLO DE SAN JUAN EN PATMOS, CONSERVADO EN EL MUSEO DE SANTA CLARA, MURCIA.

---

160 La cual, por supuesto, seguía estando presente como un nivel de lectura e identificación superior, dirigido a aquellas personas que disponían de la capacidad y la voluntad de leer su texto.

161 DEBIAIS, 2009: 276-291.

4. ESCRITURA

Finalmente, el principal y más importante de los elementos externos de las inscripciones merece ser abordado de manera individual y exhaustiva. La escritura de las inscripciones estudiadas no ha gozado del mismo interés en la historiografía murciana que la escritura de documentos y libros, y carecía hasta el momento de análisis exhaustivos que abordaran cuestiones relativas a su morfología, evolución, tendencias e influencias.

Según la morfología y los rasgos que caracterizan a la escritura de las inscripciones, referimos a ella como una 'escritura publicitaria'[162]. Esta manera concreta de escribir, empero, no es exclusiva de los epígrafes y se manifiesta sobre multitud de objetos escritos en búsqueda de cumplir con fines comunicativos análogos. La búsqueda de solemnidad y visibilidad que las caracteriza son los factores que convierten a la escritura publicitaria en la escritura propia de las inscripciones.

Las inscripciones de este estudio fueron materializadas en un periodo de interesante valor para el estudio de la evolución del alfabeto latino y determinado por la convivencia de diferentes tipos de escritura. El multigrafismo fue un fenómeno propio de un momento de profundas transformaciones culturales en el que las innovaciones conviven, comparten espacios y soportes, además de fusionarse con los rasgos que venían caracterizando a la escritura en los últimos siglos de la Edad Media[163]. En ese contexto comienza a proliferar la producción epigráfica murciana, ofreciéndonos un interesante conjunto para conocer de qué manera se introdujeron las novedades gráficas en la Península Ibérica y cómo se asentaron en los talleres murcianos.

Asistimos en el siglo XVI al dominio de la humanística como primera escritura epigráfica que, sin embargo, no será absoluto. Con ella, compartirán espacios las últimas prehumanísticas y una producción en gótica, sobre todo minúscula, que se mantiene residual en determinados contextos como a continuación detallamos en profundidad.

---

162 GARCÍA LOBO, 2010: 29.

163 Por primera vez en la historia de la escritura latina observamos que en las inscripciones conviven y se alternan alfabetos de manera consciente, a veces podemos intuir su empleo como un recurso de jerarquización y otras con una marcada finalidad ornamental. Los autores alternaban y seleccionaban entre los diversos alfabetos que tenían a su disposición para cumplir con diferentes objetivos, MARTÍN LÓPEZ, 2010: 153.

1. Escritura prehumanística

La epigrafía medieval española ha aceptado la traducción directa del término alemán *Frühhumanistische Kapitalis,* acuñado por Rudolf M. Kloos en su estudio y edición del material epigráfico de la ciudad de Múnich en 1958[164], para referir a un grupo de alfabetos capitales de carácter ecléctico. En sus manifestaciones, se caracterizan por combinar formas mayúsculas y minúsculas procedentes de alfabetos del pasado, caracteres propios de la escritura gótica imperante e introducir otros modelos creados de manera original.

La academia alemana, con una amplísima y consolidada tradición en los estudios de epigrafía medieval, continúa siendo referente en el estudio de la prehumanística en el ámbito epigráfico[165]. Los resultados de sus estudios y las interpretaciones que se extraen de ellos han sido el punto de partida desde el que la epigrafía española traza su propio recorrido científico en el estudio de estos alfabetos para el contexto peninsular.

Aunque el término prehumanística pueda ser objeto de debates sobre su idoneidad –como así lo ha sido en la propia academia alemana–[166] lo cierto es que permite describir con eficacia la naturaleza de este fenómeno propio de un escenario de «multigrafismo relativo disorgánico»[167]. El término alude al contexto histórico del humanismo temprano o protohumanismo en el cual se fraguó esta

---

164 KLOOS, 1958: XXIII.

165 El marco teórico establecido por Walter Koch para el estudio de esta escritura resume el conocimiento sobre ella desarrollado en el ámbito germánico, los cuales se han asentado en la historiografía española a través de su trabajo publicado en lengua castellana, KOCH, 1996: 161–182.

166 KOCH, 1990: 337–345. El mismo autor, en uno de sus últimos trabajos, ha considerado el término paraguas *frühhumanistische Schriften* (escrituras prehumanísticas) como el más correcto para caracterizar de forma simple la diversidad formal que singulariza a estos alfabetos y evitar una definición cerrada para una escritura tan diversa y amplia en términos formales, KOCH, 2017: 97. Estando de acuerdo con el epigrafista alemán en la idoneidad del término, reconocemos que la traducción española puede ser malinterpretada como una referencia a una versión previa o anterior de la capital humanística, especialmente debido a la escasa tradición que posee su estudio en nuestro país y al uso de este término que hacen la paleografía y la codicología para referir a los primeros testimonios de la humanística (RODRÍGUEZ SUÁREZ, 2021: 87). Fijar un marco teórico y terminológico común será una de las tareas a resolver por la historiografía en los próximos años a medida que se desarrollen estudios regionales sobre este fenómeno que nos aproximen mejor a sus características y evolución.

167 Así define acertadamente el profesor Gimeno Blay, siguiendo la propuesta metodológica de Armando Petrucci (PETRUCCI, 1979: 10), a este periodo caracterizado por la convivencia de diversos tipo de escritura desprovistos de una relación jerárquica GIMENO BLAY, 2015: 19; 2023: 13–14.

recuperación de los alfabetos capitales para las escrituras de aparato. La prehumanística, por tanto, no representa una fase temprana en la evolución de las capitales humanísticas, sino a un fenómeno original con un desarrollo, expansión y evolución autónomas. Esta escritura, de hecho, convivió en el tiempo y en el espacio con los testimonios más tempranos de la capital humanística[168] y, también, con los alfabetos góticos minúsculo y mayúsculo[169]. En este proceso incluso diferentes alfabetos llegan a convivir en un mismo monumento epigráfico donde los rogatarios seleccionaban las diversas posibilidades que tenían con diferentes fines y, por supuesto, se produjeron fenómenos de hibridación o *contaminación gráfica*.[170]

La escritura prehumanística, en conclusión, no es una escritura en transición hacia otras formas, sino una solución original y representativa de un periodo de transición y profundos cambios culturales y estéticos que pretende dar respuesta a nuevas necesidades en el campo escriturario. La expansión de las ideas humanistas y el ambiente que propició la reacción antigótica[171] generaron el caldo de cultivo para la irrupción de estos alfabetos. El desarrollo y consolidación que posteriormente experimentaron se vio favorecido por innovaciones como la mecanización de los procesos de escritura y la invención de la imprenta de tipos móviles[172].

Esta escritura está representada en la epigrafía murciana bajomedieval y renacentista en condiciones similares a otros territorios[173], y su uso se extiende entre la segunda mitad del siglo XV y el primer tercio del siglo XVI. En el periodo que abarca este trabajo, la podemos encontrar en el destacado conjunto epigráfico de la capilla de los Vélez, datado en la década final del siglo XV, y en el testimonio más tardío de la región, el *monumentum aedificationis* del castillo de Mula fechado

---

168   De hecho, la reciente publicación de las inscripciones medievales de la provincia de Sevilla ha revelado una temprana irrupción de la humanística en esta provincia (primera mitad del siglo XV) y con anterioridad a los primeros ejemplos de escritura prehumanística MESTRE NAVAS, 2022: 88. Un escenario similar nos ofrece el prolífico conjunto de la ciudad de Toledo, MENOR NATAL, 2023: 65. Lo cierto es que el origen de ambas escrituras es prácticamente contemporáneo y su expansión a Europa y a la Península Ibérica dependerá de factores endógenos que faciliten o ralenticen la entrada de cada escritura como así ilustran los ejemplos hispalense y toledano.

169   RODRÍGUEZ SUÁREZ, 2020: 65.

170   Especialmente ilustrativos son los ejemplos de gótica mayúscula que destaca la profesora Steininger por ofrecer una versión modernizada que ha abandonado sus rasgos característicos y asumido formas ajenas a su universo gráfico. STEININGER, 2023: 58.

171   GIMENO BLAY, 2005: 34.

172   MARTÍN LÓPEZ, 2014: 397-399.

173   Comparando el porcentaje que representa sobre el total del conjunto murciano con el que ocupa en el resto de estudios regionales realizados obtenemos unos resultados análogos sobre el uso de estos alfabetos FERNÁNDEZ MARTÍNEZ, 2024: 66-72.

de manera explícita en 1524. Todas ellas se caracterizan por emplear formas gráficas escasamente ornamentadas que combinan capitales y unciales procedentes de los ciclos gótico y carolino, además de incorporar otras soluciones innovadoras. En rasgos generales, las letras ofrecen un módulo grande y una relación armónica entre su altura y anchura, aunque es apreciable una cierta tendencia a la verticalidad en ejemplos como la *explanatio clypei* de las armas de Chacón. En este sentido, ninguna de las inscripciones del conjunto muestra una versión de la prehumanística que podamos calificar como una escritura pesada.

Entre las grafías que Walter Koch señaló como rasgos dominantes de la escritura prehumanística solamente disponemos de un ejemplo en el testimonio más tardío de esta escritura, el *monumentum aedificationis* del castillo de Mula. Se trata de la característica M de influencia bizantina. Esta particularidad es el resultado de una prehumanística alejada de algunas de sus versiones más ornamentales y que prefiere el uso de formas capitales sencillas y poco recargadas.

Atendiendo a los rasgos particulares, el conjunto de inscripciones emplazado en la capilla de los Vélez es el resultado del trabajo de un taller profesional que, a tenor de la información que conocemos sobre la historia constructiva del edificio[174], debió desplazarse a la región integrado en el taller arquitectónico encargado de las obras de construcción de este espacio. Los tres epígrafes en prehumanística que se conservan en este espacio utilizan un alfabeto austero y con escasas variaciones en las formas de las letras, limitadas a las diferentes versiones de A con travesaño superior, la alternancia entre la E capital y la uncial, la M de brazos rectos que en ocasiones desarrolla un trazo vertical desde la intersección central, el uso excepcional de un modelo de O 'arriñonada' o la alternancia de una S de doble curva sin ornamentos y un modelo de inspiración gótica. En este conjunto también encontramos algunas soluciones innovadoras, como el modelo de B con forma de minúscula agrandada o Б cirílica. Pero, sin duda alguna, el rasgo distintivo de las inscripciones de este conjunto es la profusión de nexos y, especialmente, de letras inscritas (Fig. 26).

Finalmente, el único ejemplo fechado en el siglo XVI, concretamente en 1524, es el mencionado *monumentum aedificationis* del castillo de Mula (Fig. 27). Esta inscripción ofrece una versión de la prehumanística enmarcada en los rasgos generales de esta escritura en el territorio murciano: la tendencia a utilizar formas poco ornamentadas y sencillas del alfabeto capital. Como mencionamos anteriormente, es la única inscripción que utiliza la característica M prehumanística y a ella se le añaden grafías originales como el peculiar trazo de D uncial, la forma

---

174 FERNÁNDEZ MARTÍNEZ, 2022: 65.

de A sin travesaño central y con un trazo horizontal superior prolongado hacia la izquierda, y el uso de recursos decorativos como los remates triangulares o la geminación del extremo de los trazos, especialmente definida en grafías como la D, la F y la L. En rasgos generales, esta inscripción nos ofrece una versión de la prehumanística sin contrastes en sus trazos y con una relación armónica entre la altura y la anchura de sus grafías.

FIG. 26. *EXPLANATIO DOCTRINALE* DE LA CAPILLA DE LOS VÉLEZ.

FIG. 27. *MONUMENTUM AEDIFICATIONIS* DEL CASTILLO DE MULA.

2. La pervivencia de los alfabetos góticos

Las góticas habían dominado cualquier campo de la producción escritura desde su formación en el siglo XIII hasta el ocaso de la Edad Media. En lo que respecta al ámbito de las escritura publicitaria, se impondrá la gótica mayúscula tras un proceso de lenta transformación morfológica que comienza a percibirse en la carolina desde la segunda mitad del siglo XII[175]. En búsqueda de un nuevo sentido estético, sus formas comenzaron progresivamente a inquirir en una mayor espacialidad y redondez. En efecto, la gótica mayúscula representa un último estadio evolutivo de la carolina y se manifiesta como una mezcla de capitales y unciales sujeta a múltiples variaciones artísticas y ornamentales[176], en la que predominan las formas redondeadas de las letras que tienden a cerrarse sobre sí mismas y a sacrificar la proporcionalidad[177] de sus rasgos en favor de la estética.

Las mayúsculas góticas dominaron la producción epigráfica del continente europeo durante los siglos XIII y XIV y su hegemonía solo se vio puesta en entredicho cuando, en el siglo XV, se consolidó de forma decidida la gótica minúscula como primera escritura epigráfica[178]. La adopción de la *littera textualis* como escritura epigráfica rompe con una tendencia histórica en la evolución del alfabeto latino: el dominio absoluto de los caracteres mayúsculos[179] como un recurso a favor de dotar a estos objetos de visibilidad y garantizar la difusión pública y universal del mensaje[180].

---

175 Esta transformación se desarrolla de manera simultánea en todo el occidente europeo, definiéndose de manera progresiva los rasgos que van a caracterizar al alfabeto gótico. Durante este periodo de transición, que culmina tras mediar el siglo XIII, es bastante común encontrar rasgos propios de ambas escrituras en un mismo monumento epigráfico. GARCÍA LOBO, 1999: 167.

176 KOCH, 2010: 10.

177 SANTIAGO FERNÁNDEZ Y FRANCISCO OLMOS, 2018: 36.

178 En el área de habla alemana es sustituida por la gótica minúscula que empezó a popularizarse a un ritmo vertiginoso durante las últimas décadas del siglo XIV. Si bien, su uso pervivió también de forma muy minoritaria y en tipologías epigráficas muy concretas, como aquellas ejecutadas sobre campanas, y en algunas regiones específicas. BORNSCHLEGEL, 2010: 219-220.

179 Como bien apunta Natalia Rodríguez Suárez al hablar de los ciclos escriturarios anteriores a la gótica minúscula, «es cierto que es frecuente encontrar algunas minúsculas agrandadas en las inscripciones, pero también lo es que estas letras quedan relegadas a un segundo plano frente a las mayúsculas y que, a pesar de su forma, están funcionando como mayúsculas». RODRÍGUEZ SUÁREZ, 2010: 469.

180 Así, señalaba el profesor García Lobo al enumerar los rasgos que, definidos como caracteres funcionales, «confieren a la inscripción su especial carácter de medio de comunicación publi-

Sin ninguna duda, su introducción y difusión ha de entenderse necesaria-
mente como un fenómeno multifactorial y consecuencia de las profundas transformaciones culturales a las que la sociedad europea se ve sometida durante estos
siglos. Diversos autores han señalado a la amplia difusión del libro y el valor que
alcanzó como elemento de prestigio social, la solemnidad atribuida a la escritura
que emplean estos objetos y los mayores niveles de alfabetización en una sociedad familiarizada con ella como los factores[181] que explicarían el salto por imitación de la *littera textualis formata*[182] al ámbito publicitario.

La introducción en los usos epigráficos de una escritura caligráfica y de diseño
que imita las formas de la escritura ordinaria empleada en otros objetos escritos
es una evidencia del creciente valor visual y la función simbólica atribuida a este
medio de comunicación. Algunos autores han apuntado una destacada relación
de las primeras inscripciones que la utilizan con las tipologías librarias y los soportes artísticos que emulan libros, filacterias u otros objetos escritos[183]. Si bien
esta vinculación deberá confirmarse mediante el análisis exhaustivo de las primeras inscripciones en gótica minúscula, nos apunta la toma de conciencia que los
autores morales desarrollaron durante la Baja Edad Media del valor semiótico[184],
además del intrínseco como medio de comunicación publicitaria, que posee la
escritura expuesta. Pronto comenzarán a proliferar alfabetos que ofrezcan una
diversidad de formas, hasta ahora inédita, a los autores, consolidando el diseño de
la escritura y su morfología como un elemento más a favor de la difusión pública
del mensaje.

Sin embargo, al tiempo que las góticas, mayúscula y minúscula, dominaban
todo el universo gráfico europeo, se fraguaba en la Italia del *Quattrocento* una
reacción que pretendía acabar con su uso y la acusaba de excesiva artificiosidad.
En ese ambiente emergerá la reforma humanística que tuvo como principal consecuencia en el campo de la escritura la recuperación de las capitales propias de

---

citaria», indicando que la legibilidad de los letreros «viene dada por los caracteres gráficos de
gran módulo -mayúsculas hasta el siglo XV, y minúsculas caligráficas durante este siglo- y
por la técnica de incisión a bisel». GARCÍA LOBO, 2001: 99.

181 RODRÍGUEZ SUÁREZ, 2010: 476.

182 Denominación que recibe esta escritura en su forma más caligráfica desde la paleografía.
SÁNCHEZ PRIETO Y DOMÍNGUEZ APARICIO, 2004: 132.

183 Así lo han destacado autoras como Natalia Rodríguez Suárez como una de las características
al hablar de la introducción de la gótica minúscula, reconociendo el carácter provisional de
estas hipótesis hasta conocer la total dimensión del registro epigráfico nacional y europeo
RODRÍGUEZ SUÁREZ, 2010: 471-472.

184 MARTÍN LÓPEZ, 2019: 204-205.

las inscripciones romanas[185]. Las capitales humanísticas, de acuerdo con los nuevos gustos del Renacimiento, terminarán por imponerse en el ámbito epigráfico sobre el resto de los alfabetos del siglo XV, sin embargo, el escenario de multigrafismo relativo disorgánico se extenderá en el siglo XVI y la Edad Moderna[186].

Este proceso, como veremos, se produjo a diferentes velocidades en el territorio peninsular. La expansión epigráfica que experimentó Murcia a comienzos del siglo XVI se realizó bajo los parámetros del Renacimiento y las góticas quedaron rápidamente desplazadas a una posición secundaria. Su uso en la Murcia del siglo XVI está vinculado a objetivos concretos de comunicación, siendo el *epitaphium sepulcrale* de Alfonso X el ejemplo más destacado en este sentido; a los procesos de ejecución de algunas inscripciones, como evidencian las campanas que hacen uso de esta escritura; y al trabajo de talleres retardatarios, siendo paradigmáticos los ejemplos en la ermita de Santa María de los Olmos y la Purísima Concepción en Mula.

FIG. 28. Ejemplo de las sutiles geminaciones en la gótica minúscula del *monumentum aedificationis* de la capilla de los Vélez.

Estos testimonios nos ofrecen una gótica en evolución y con rasgos diferenciados a los que conocemos en otros territorios. Sabemos que desde la segunda mitad del siglo XV la gótica minúscula experimenta una transformación morfológica que, sin embargo, no es perceptible en los testimonios murcianos. Son muy reducidos y sutiles los ejemplos de la geminación y de la estilización o in-

---

185 BORNSCHLEGEL, 1990: 217-219.

186 La publicación de la colección epigráfica de la provincia de Guadalajara ya evidenciaba una cierta producción en gótica mayúscula durante el siglo XV (SANTIAGO FERNÁNDEZ Y FRANCISCO OLMOS, 2018: 36), y los recientes análisis sobre la ciudad de Toledo confirman un uso continuado y estable de esta escritura en el ámbito epigráfico por parte de talleres altamente especializados en esta grafía, véase MENOR NATAL, 2023.

curvación de astiles y caídos[187], fenómeno que se contrapone con otras regiones como Sevilla, donde estos rasgos alcanzan un desarrollo exagerado[188]. Muy sutilmente podemos percibir un intento de geminación en los astiles de letras como B, H y L del *monumentum aedificationis* de la capilla de los Vélez (Fig. 28).

Esta última inscripción destaca por su monumentalidad y perfección técnica en un conjunto caracterizado por una producción epigráfica mucho más austera. La escritura gótica minúscula que presenta se muestra menos rígida que los testimonios que conocemos del siglo XV[189] y en ella las formas fracturadas características conviven con algunas grafías redondeadas, como la S de doble curva y la Z en forma de 3. Algunos de sus caídos aparecen curvados tímidamente hacia la izquierda en letras como H y J, se incorporan algunos elementos ornamentales como los remates ondulados que caracterizan a la S o los floreados de A y E (Fig. 29).

Rasgos gráficos característicos del monumentum aedificationis de la capilla de los Vélez

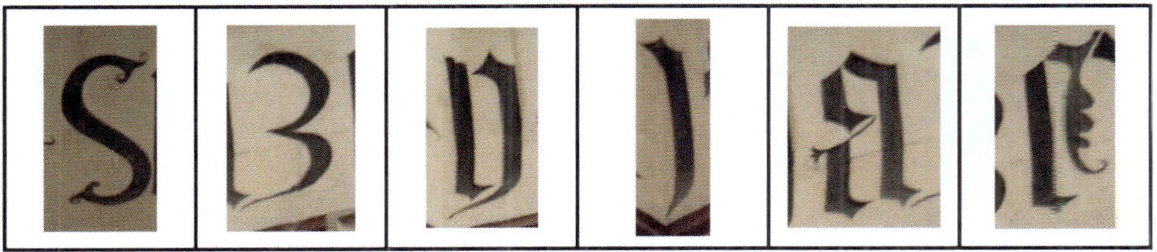

Fig. 29. Tabla de rasgos gráficos.

El *monumentum* de la capilla de los Vélez inaugura la epigrafía del siglo XVI en el conjunto. Para este tipo de escritura vamos a observar un continuismo en los rasgos característicos de la segunda mitad del siglo XV,[190] siendo el máximo exponente de ello el *epitaphium sepulcrale* de las entrañas de Alfonso X, datado en 1526-1527 (Fig. 30). Organizada en cuatro renglones, la gótica minúscula perfectamente trazada se extiende en el espejo epigráfico generando una sensación de *horror vacui* mediante el uso de interpunciones geométricas y ornamentación vegetal para ocupar los espacios en blanco del renglón. Su perfecta *impaginatio* se completa con el recurso de la A capital a inicio de renglón que ocupa el espacio

---

187 SANTIAGO FERNÁNDEZ Y FRANCISCO OLMOS, 2018: 38.

188 MESTRE NAVAS, 2022: 84-85.

189 FERNÁNDEZ MARTÍNEZ, 2024: 59-65.

190 Ibíd.

de los dos primeros renglones. La gótica minúscula de esta inscripción carece de nexos y muestra una relación modular media de 2,8 que evidencia una clara tendencia a la verticalidad, sus astiles y caídos poco pronunciados se caracterizan por no desarrollar geminación ni curvatura en los extremos. Las formas gráficas empleadas son regulares y las características de esta escritura, destacando la S de doble curva que rompe con la tradicional forma fracturada y la R capital utilizadas en la *intitulatio* regia. Son, de forma general, los mismos rasgos que encontramos en las inscripciones ejecutadas sobre campanas que utilizan esta escritura durante el siglo XVI, a excepción de la geminación, que sí aparece sutilmente en el diseño de letras como T, B y P de las campanas más tardías[191].

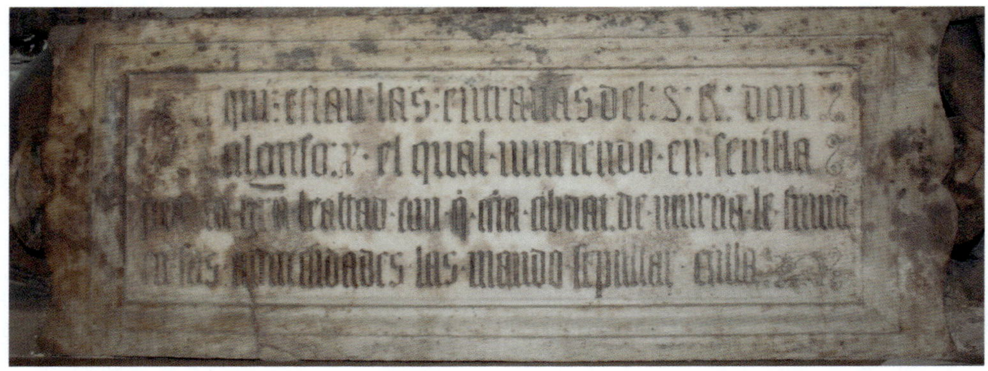

FIG. 30. *Epitaphium sepulcrale* **de las entrañas de Alfonso X** *el sabio.*

Dos inscripciones del conjunto merecen ser destacadas por presentar unos rasgos gráficos muy particulares que rompen con la tendencia general de esta escritura. Referimos a las *monumenta aedificationis* de la antigua ermita de Santa María de los Olmos y de la ermita de la Purísima Concepción, ambas emplazadas en Mula y vestigio material del trabajo de un taller local que emplea una escritura con algunas particularidades en su diseño. La gótica minúscula en ambas muestra rasgos semejantes y en su ejecución algunas características nos permiten intuir que no son obra de un rogatario altamente especializado, por el contrario, identificamos en su autoría un taller local con los conocimientos técnicos suficientes para ofrecer resultados aceptables que responden a necesidades epigráficas esporádicas y concretas. Errores como el del segundo renglón del *monumentum* de Santa María de los Olmos, donde traza una S de doble curva antes del espacio destinado a esta letra que se solventa convirtiéndola en una interpunción; el trazo tosco y vacilante de algunas grafías, especialmente destacado en el *monumentum*

---

191 Referimos a las *invocationes* de la campana de las Horas en Yecla, datada en 1578.

de Santa María de los Olmos donde indistintamente utiliza la misma forma para X e Y; o los fallos en la *impaginatio* del *monumentum* de la Purísima Concepción que obligan a reducir el módulo y apiñar la escritura en su parte final son los argumentos que nos permiten hacer esta descripción del taller productor.

Las letras en ambas inscripciones abandonan la tendencia a alargarse de manera destacada (la inscripción de la ermita de Santa María de los Olmos ofrece una relación modular media de 2,05; medio punto menos que la que obtenemos de las inscripciones del siglo XV), desaparecen por completo los contrastes de grosor en el trazado y, aunque perviven algunas formas angulosas, comienzan a proliferar *ductus* curvados en el diseño de letras, especialmente para B, C, E, D, G y O. Entre sus rasgos destacan la A capital inicial con el travesaño quebrado en el *monumentum* de la Purísima Concepción, la Z en forma de 3 y la S de bastón. Los nexos son poco frecuentes, destacando ST, SP o GI (Fig. 31).

Las singularidades gráficas que observamos en este conjunto, como ya hemos señalado, son propias de un taller ocasional con una producción limitada que buscaba satisfacer necesidades específicas. Si bien, en ellas se pueden intuir algunos de los rasgos que van a consolidarse para las minúsculas epigráficas en los escasos ejemplos que conservamos de la segunda mitad del siglo XVI. Nos referimos a las formas 'suavizadas' que están presentes también en inscripciones como la *invocatio* del retablo de 'San Juan en Patmos' y responden a la cada vez más absoluta influencia que ejerce la irrupción de la humanística en el campo de las minúsculas, generando alfabetos "híbridos" que difícilmente pueden clasificarse de forma cerrada en una de las dos categorías. Efectivamente, trazar las líneas divisorias entre ambas escrituras durante este periodo de convivencia se convierte en una tarea compleja, sobre todo mediante los escasos ejemplos que conservamos y el vacío historiográfico al respecto.

Pero sin duda alguna, la manifestación más singular de esta centuria la encontramos en el *monumentum aedificationis* del palacio del Almudí. Materializada con una destreza técnica propia de un taller profesional, en ella se presenta una versión de la escritura gótica singular que recibe por parte de la epigrafía alemana la denominación de '*minuskel rotunda*'[192]. Esta escritura destaca por una estilización de las formas góticas basada en la sustitución de la angulosidad por la curvatura. Se trata de un modelo minúsculo con un desarrollo propio que venía empleándose en los libros de lujo del centro y el norte de Italia, alcanzando una importante difusión a través de la imprenta al resto de Europa[193]. A pesar de su popularidad en el mundo del libro,

---

192 KOCH, 2018: 397-419.

193 Las formas de esta escritura, aunque confundibles con las de la minúscula humanística, son

perviviendo tras el periodo incunable, no parece desempeñar un papel relevante en ningún territorio como escritura de inscripciones[194], ámbito en el que comenzó a aparecer, al menos en los territorios de Europa central, durante el siglo XV.

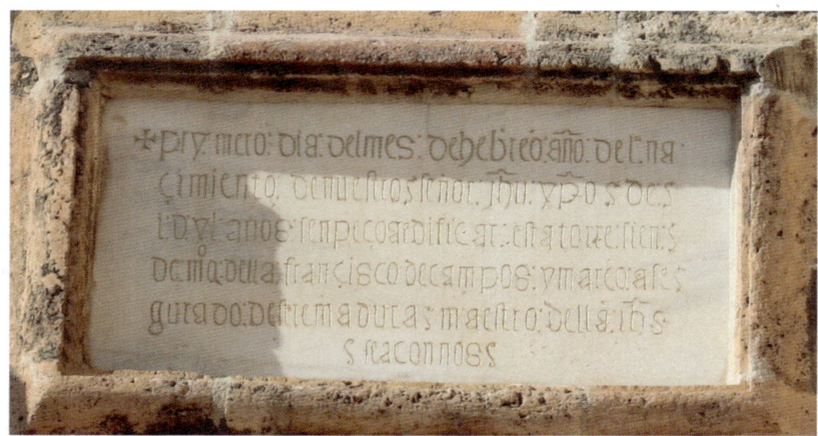

FIG. 31. *Monumenta aedificationis* de las ermitas de Santa María de los Olmos y de la Purísima Concepción en Mula.

---

herederas de los rasgos gráficos de la gótica KLOOS, 1992: 143-144.

194 Por el momento esta es la conclusión que se extrae de la literatura científica europea, mientras que el estudio de su expansión y evolución en la Península Ibérica permanece pendiente de ser elaborado.

En el conjunto murciano esta minúscula rotunda aparece en un único ejemplo (Fig. 32) con formas redondeadas que tienden a la uniformidad sin grandes contrastes entre altura y anchura. Entre sus rasgos destaca la tendencia a unir grafías a partir de sus trazos curvos[195] (DE; OR; DO; PO) y cierto contraste de trazos gruesos y finos, especialmente destacado en letras como A, M, S o Z. En cuanto a la morfología de los letras empleadas son características algunas formas como la R capital en utilizada en «*Rejidor*», la forma de R de doble curva a partir de su unión con O o con B, la S de bastón, la D uncial con el astil horizontal poco desarrollado y la Z en forma de 3. Es destacado también el uso de formas capitales al inicio de palabra con fines ornamentales en palabas como «*Iustiçia*», «*Correjidor*», «*Ilustre*», «*Cauallero*» o «*Madrid*», y, especialmente, al inicio del texto agrandado la L con un módulo que ocupa los dos primeros renglones de escritura. Los astiles y caídos de las letras no aparecen muy desarrollados, destacando solo en letras como H, J L y S.

FIG. 32. *MONUMENTUM AEDIFICATIONIS* DEL **PALACIO DEL ALMUDÍ, MURCIA.**

La inscripción a la que referimos es el *monumentum aedificationis* del Almudí, único ejemplo ejecutado en minúscula rotunda conservado para el periodo de nuestro estudio. Si bien, conocemos inscripciones de comienzos del siglo XVII en la ciudad de Murcia, materializadas también por mandato del concejo y probablemente por el mismo taller que la utilizan. Su presencia en la capital murciana es el resultado del trabajo de un taller especializado en su uso que operó al servicio del concejo para elaborar las inscripciones ligadas a los edificios públicos, cuestión que deberá ser abordada en profundidad en estudios específicos sobre este conjunto epigráfico que excede cronológicamente nuestro trabajo. La aparición de esta escritura en el campo epigráfico, su uso y desarrollo en la Península Ibérica es hoy

---

195 En cumplimiento con las denominadas reglas de Wilhelm Meyer SÁNCHEZ PRIETO Y DOMÍNGUEZ APARICIO, 2000: 118.

una incógnita ante el vacío historiográfico al respecto, si bien, resulta innegable que responde nuevamente a la influencia cada vez mayor que el ámbito librario (y especialmente el libro impreso[196]) ejerce sobre la producción epigráfica.

Finalmente, debemos hacer referencia al único testimonio de gótica mayúscula procedente del siglo XVI, la *suscriptio* de la campana de las Horas de Yecla (Fig. 33). Esta inscripción nos ofrece una mayúscula estilizada y de trazos finos, más alta que ancha, y en la que destacan algunas formas peculiares como el uso de una E invertida, la H minúscula agrandada con unos trazos exagerados y en forma de 5 y la B de trazos curvos abiertos. Obra del maestro fundidor Juan Bracón[197], que trabajó en la zona del altiplano murciano y la actual provincia de Albacete en la segunda mitad del siglo XVI, combina sobre la campana los ejemplos más tardíos de gótica minúscula y mayúscula que pueden explicarse a partir del propio proceso de génesis epigráfica, fabricada mediante la técnicas del estampillado[198] con moldes reutilizables.

FIG. 33. FRAGMENTO DE LA *SUSCRIPTIO* DE LA CAMPANA DE LAS HORAS, EN YECLA, Y TESTIMONIO MÁS TARDÍO DE LA GÓTICA MAYÚSCULA EN EL CONJUNTO MURCIANO.

---

196 Como señala Antonio Castillo, la minúscula rotunda fue empleada extensamente en la producción impresa y manuscrita del siglo XVI, lugar desde el que se importó a las inscripciones a través de la publicación de manuales de escritura que la empleaban CASTILLO GÓMEZ, 2021: 253.

197 Precisamente la identificación del maestro fundidor es el elemento que nos permite confirmar la lectura de su data en el año « *mil e quinientos i setenta i ocho*ن ». De su obra quedan vestigios materiales en la propia Yecla y en Hellín en una cronología similar y ofreciendo rasgos gráficos análogos. LLOP I BAYO, en línea.

198 Esta manera de ejecutar inscripciones mediante fundición y empleando tipos fijos para los moldes que se reutilizan e imprimen el mismo modelo de letra limitan la introducción de cambios y novedades, permitiendo que se reproduzcan las mismas formas gráficas sin evolución en el tiempo. BORNSCHLEGEL, 2010: 221.

3. Escritura humanística

En palabras del profesor Gimeno Blay, la irrupción de la escritura humanística en el ámbito epigráfico representa «el eslabón final de la *renovatio* promovida, defendida y llevada a cabo por el humanismo filológico italiano»[199]. Asistimos a la introducción de una nueva estética gráfica que emula y reproduce la escritura de las inscripciones más solemnes de la Roma clásica como parte de una renovación cultural que afectará a todos los aspectos materiales e intelectuales de las inscripciones. Por supuesto, la epigrafía del Renacimiento emuló y reinterpretó la escritura de las inscripciones romanas, pero también adaptó la estética, los recursos decorativos, los materiales, la forma de los soportes, el formulismo y la naturaleza de los textos epigráficos del pasado[200]. La capital humanística nace de forma artificial como una práctica imitativa que, a diferencia de las prehumanísticas, toma como polo de atracción la escritura propia de las inscripciones romanas[201].

En la Corona de Castilla los primeros ejemplos de estas capitales a la '*anti-qua*' comienzan a aparecer lentamente en un ambiente resistente a abandonar los modelos góticos desde, al menos, mediados de la decimoquinta centuria[202]. Si bien, para conocer su origen tenemos que mirar, una vez más, a la Italia entre el *Treccento* y el *Quattrocento*. La carta de Francesco Petrarca a Giovanni Boccacio, firmada en el año 1366, se ha convertido en el *terminus post quem* de este proceso. El autor del *Canzoniere* recomendaba en ella la recuperación de la letra empleada en los manuscritos carolinos a beneficio de una mayor legibilidad y solemnidad. Lo que, de hecho, era una reacción a las prácticas de los copistas góticos[203] entrañaba los rasgos definitorios de un proceso que comienza primero en el ámbito del documento y el libro y que concluirá finalmente con la recuperación artificial de las capitales romanas para la epigrafía y la escritura publicitaria.

---

199 GIMENO BLAY, 2005: 34.

200 RAMÍREZ-SÁNCHEZ, 2012: 258-259.

201 PETRUCCI, 1988: 8.

202 Como venimos reiterando, el estudio sistemático del material epigráfico peninsular permitirá precisar con mayor definición las cronologías de los diferentes ciclos escriturarios en las inscripciones. Esta tarea es, precisamente, la que ha permitido adelantar la cronología de esta escritura hasta mediados del siglo XV a partir de ejemplos como el posible *monumentum* de una obra promovida por el cardenal Juan de Torquemada en Valladolid (núm.121 en MOLINA DE LA TORRE, 2017: 192) o el temprano ejemplo sevillano del *epitaphium sepulcrale* de Juan Cervantes Bocanegra (núm. 54 en MESTRE NAVAS, 2022: 212-215).

203 Cfr. GIMENO BLAY, 2005: 25-26.

La escritura humanística es fruto del mismo contexto histórico y cultural en el que se fraguaron los alfabetos prehumanísticos, pero su acierto en reproducir la estética y los gustos imperantes en la sociedad renacentista garantizaron su triunfo y pervivencia. A partir del creciente interés y la fascinación por el pasado clásico y sus restos materiales, los eruditos italianos buscaron en ellos el modelo ideal para canonizar y reproducir sobre nuevos objetos escritos. Tratados caligráficos como el *Alphabetum Romanum* de Felice Feliciano o la *Regola a fare letre antiche* que reproducían y enseñaban cómo trazar las capitales de las inscripciones romanas proliferaron y se expandieron rápidamente por el continente europeo. Su objetivo didáctico actuó, junto con la expansión de la escritura tipográfica, como vehículo para la difusión en Europa y la Península Ibérica de la *renovatio* humanística[204].

La escritura humanística, caracterizada por tener como polo de atracción gráfica la escritura de las inscripciones romanas, no irrumpió en el ámbito epigráfico como una imitación perfecta del modelo romano estable e invariable. Por el contrario, identificamos una fase de formación al tiempo que la escritura desarrolla su expansión por el continente europeo en la que algunos de los rasgos característicos de la capital humanística no aparecen pulidos y se ensayan diversas maneras de aproximarse al modelo clásico romano de referencia. Esta es la escritura que caracteriza a los ejemplos más tempranos de la primera mitad del siglo XV en la Toscana[205] y en la Roma pontificia[206] y que también descubrimos en los primeros testimonios de la Península Ibérica a mediados de siglo[207].

Las fases y los ritmos regionales de este proceso evolutivo, paralelo a la expansión de esta escritura, todavía no son conocidas con precisión. En la academia alemana, empero, vienen estableciendo una sistematización de los rasgos característicos de estos ejemplos tempranos y denominan a esta fase de formación como *Frühe Renaissance-Kapitalis* (capital humanística temprana), destacando así sus diferencias con la escritura prehumanística y enfatizando su condición como estado evolutivo primitivo de la *Renaissance-Kapitalis* (capital humanística). A partir del estudio del registro epigráfico de la ciudad imperial de Augsburgo, puerta de entrada del humanismo al sur de Alemania, el profesor Bornschlegel estableció los rasgos ausentes en ella y que la diferencian de su forma madurada. A saber, el juego de claroscuros obtenido mediante el surco biselado en las letras; la estan-

---

204 GIMENO BLAY, 2002: 174-175.
205 BANTI, 2008: 295-296.
206 BORNSCHLEGEL, 2014: 256.
207 MESTRE NAVAS, 2022: 87-88; PEREIRA GARCÍA, 2020: 327-328.

darización de las formas gráficas, eliminando aquellas que no estaban construidas según el patrón romano; la preferencia por establecer un único modelo gráfico para cada letra; y una tendencia a la regularidad en el módulo de la escritura mediante letras que buscan la proporcionalidad entre su altura y anchura[208] (Fig. 34).

FIG. 34. EL *MONUMENTUM RESTAURATIONIS* DE LA CIUDAD DE CARTAGENA COMO EJEMPLO PERFECTO DE LOS CUATRO RASGOS ESENCIALES DE LA CAPITAL HUMANÍSTICA PROPUESTOS POR FRANZ-ALBRECHT BORNSCHLEGEL.

Provisionalmente podemos apuntar que estos rasgos comienzan a vislumbrarse en conjuntos epigráficos italianos de la segunda mitad del siglo XV y, de manera clara, a comienzos del siglo XVI en otras regiones europeas[209]. La capital humanística continuó transformándose después de imponerse como la primera escritura epigráfica, adaptó formas gráficas y recursos de otros alfabetos, desarrolló soluciones novedosas y tendió progresivamente a la barroquización de sus rasgos, especialmente durante la segunda mitad del siglo XVI.

Con un total de setenta y cuatro inscripciones, la humanística se impone como la principal escritura epigráfica empleada en el Renacimiento murciano. Este alfabeto encuentra a comienzos del siglo XVI un contexto favorable para expandirse al abrigo de la nueva coyuntura social, política y económica que en

---

208 BORNSCHLEGEL, 1990: 217-224.

209 Ibíd.

el ámbito epigráfico se traduce en un aumento cuantitativo y cualitativo de la producción.

La *roboratio* en el retablo de 'los desposorios de la Virgen' de Hernando de Llanos[210], es la primera inscripción del grupo estudiado que emplea la capital humanística, datada en 1516. Del mismo autor es la tabla de 'San Juan en Patmos', ejecutada a comienzos de la década de 1520, y conservada en el Santuario de la Vera Cruz de Caravaca. Ambos retablos nos ofrecen una humanística en su forma madura, compuesta mediante las letras de un alfabeto capital, sin grandes diferencias perceptibles entre su altura y anchura (con una relación modular de 1,3 para la *roboratio*) y sin presentar variantes en las formas gráficas. Si bien, algunos rasgos gráficos mínimos la alejan de los modelos más canónicos, como el empleo de la Z en forma de 3, la R cuyo tercer trazo termina de forma vertical sin prolongarse a la derecha, la manera de ensanchar los extremos inferiores de A, la forma de N volteada o el uso de interpunciones basadas en un rombo con espirales en sus vértices. Son múltiples las incógnitas en torno a la biografía del pintor y su formación, sin embargo, parece seguro que partió desde Valencia a Italia donde se movió entre el círculo de Leonardo da Vinci, configuró su estilo[211] y conoció de primera mano las capitales humanísticas y la forma de ejecutarlas como las conocemos en su obra murciana (Fig. 35).

Además de los ejemplos en la obra de Llanos, la introducción de la humanística se aceleró a través de las obras de construcción del templo catedralicio. Durante las primeras décadas del siglo XVI, los miembros de la jerarquía eclesiástica que contaban con una destacada sensibilidad humanista, entre los que destacaba Gil Rodríguez de Junterón, aprovecharon el favorable contexto social, político y económico para reimpulsar las obras de la sede catedralicia y atraer a la fábrica de la Catedral de Murcia artistas formados en la Italia del *Quattrocento*. De este modo, trabajaron activamente en el diseño y construcción de los primeros espacios arquitectónicos renacentistas artistas toscanos como Francisco Florentino y Jacobo Florentino (Iacopo Torni, *L'Indaco*)[212], quienes asumieron la dirección de la fábrica y configuraron un grupo profesional y estable de producción arquitectónica y escultórica. Su labor se extendió a otros templos y espacios en toda la diócesis y el taller sirvió como escuela de formación para artistas como Jerónimo Quijano.

---

210 Este autor, formado en el entorno de Leonardo Da Vinci, desempeñó también un papel destacado en la consolidación de la producción epigráfica en humanística en el entorno valenciano como magistralmente ha analizado MACIÁN FERRANDIS, 2022: 88.

211 COMPANY CLIMENT, FRANCO LLOPIS Y PUIG SANCHOS, 2011: 22.

212 LÓPEZ GONZÁLEZ, 2013: 142-167.

FIG. 35. ESCRITURA HUMANÍSTICA EN LA OBRA MURCIANA DE HERNANDO DE LLANOS.

En el periodo comprendido entre 1520 y 1550 las obras de la catedral cobraron un renovado impulso y, vinculadas a ellas, se materializó un importante grupo de inscripciones[213] que consolida a las capitales humanísticas como la primera escritura epigráfica. La autoría de este grupo emplazado en la Catedral de Murcia recae sobre un taller especializado que trabajó al servicio de la fábrica catedralicia como así se extrae del análisis de sus elementos materiales y rasgos paleográficos[214]. Similar a las características de la escritura en la obra de Llanos, nos encontramos con una humanística en su forma madura que presenta sus ras-

---

213 Los epígrafes ejecutados en capital humanística vinculadas a la obra de la fábrica catedralicia durante este periodo son un total de diecisiete.

214 véase FERNÁNDEZ MARTÍNEZ, 2023a, 533–552.

gos esenciales y característicos al tiempo que integra letras, elementos gráficos y recursos alejados del polo de atracción gráfica romano.

La escritura de este conjunto, grabada mediante un surco de sección biselada, no ofrece importantes contrastes entre altura y anchura (la relación modular media de aquellas inscripciones que nos han permitido obtener este dato oscila entre el 1 y el 1,3[215]). Las formas gráficas (Fig. 36) no presentan importantes variaciones respecto al alfabeto capital, limitadas a la introducción de la Z en forma de 3 y dos modelos de M: con los trazos verticales rectos y, más común, con los trazos verticales inclinados. Es recurrente el uso de pigmento negro para rellenar el surco de las letras y aumentar su eficacia publicitaria y destacan el uso del punto sobre I en algunos ejemplos y la tendencia a elevar la T fuera de la caja de escritura, rasgos gráficos que probablemente podamos interpretar como una marca de taller. Todas ellas utilizan las interpunciones comunes en forma de punto central romboidal o punto bajo romboidal y el signo de abreviación más común es la línea recta sobrepuesta, aunque también nos ofrecen ejemplos del medio yugo sobrepuesto.

RASGOS GRÁFICOS CARACTERÍSTICOS DE LA CAPITAL HUMANÍSTICA DEL GRUPO
DE LA CATEDRAL DE MURCIA EN LA PRIMERA MITAD DEL SIGLO XVI

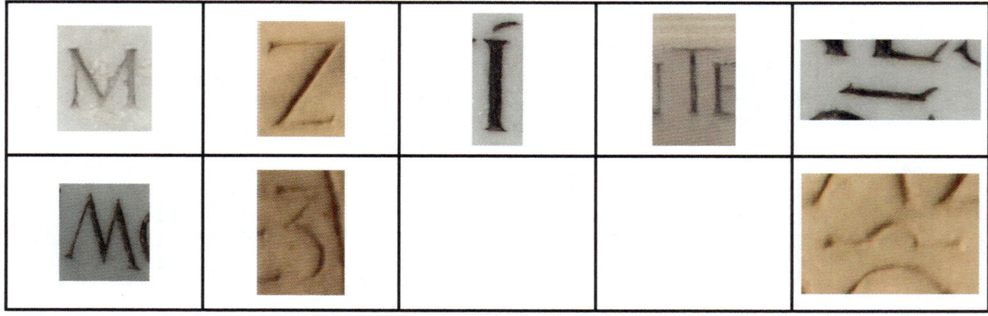

FIG. 36. TABLA DE RASGOS GRÁFICOS.

Igual que ocurre en la epigrafía gótica de este periodo, inscripciones como el *monumentum aedificationis* de la torre catedralicia, el *titulus propietatis sepultura* del sarcófago de las musas y el *epitaphium sepulcrale* de Juan y Luis de Bustamante recurren a agrandar el módulo, aunque de manera mucho más sutil,

---

215 La relación modular media de cada una es: *monumentum aedificationis* de la Torre de la Catedral (1,03), *titulus propietatis sepultura* del sarcófago de Gil Rodríguez de Junterón (1), *explanatio clypei* del sarcófago de Gil Rodríguez de Junterón (1,2), *hortatio* de la capilla de Junterón (1), *epitaphium sepulcrale* de los Bustamante (1,19), *Consecratio* de la mesa de altar de la capilla de Junterón (1,14), *explanatio clypei* de las armas de Junterón (1,19), *epitaphium sepulcrale* (1,12) e *invocatio* (1,34) de Gil Rodríguez de Junterón.

de la capital inicial. En algunos casos, como en el *epitaphium sepulcrale* de los Bustamante el rogatario resalta esta grafía mediante elementos ornamentales vegetales (Fig. 37).

Fig. 37. *Epitaphium sepulcrale* de los Bustamante en la capilla de Junterón, Catedral de Murcia.

Las capitales humanísticas del conjunto murciano durante la primera mitad del siglo XVI muestran unos rasgos fieles a las características canónicas anteriormente enunciadas de esta escritura. Si bien, en ellas detectamos también rasgos que, de manera sutil, rompen con las práctica imitativa humanística e introducen innovaciones gráficas. Entre ellas documentamos la geminación en el extremo de algunos trazos, alargamientos exagerados fuera del renglón de escritura en los trazos finales de R y Q, o un uso habitual de nexos, que no se limita al clásico AE, y de letras inscritas. Estos rasgos convierten a la capital humanística, y a la actividad epigráfica ejecutada bajo los cánones del Renacimiento, en una manifestación cultural propia de un contexto histórico determinado que desarrolla formas originales y novedosas y no se limita a la mera imitación (Fig. 38).

Rasgos gráficos originales en la capital humanística del grupo de la Catedral de Murcia

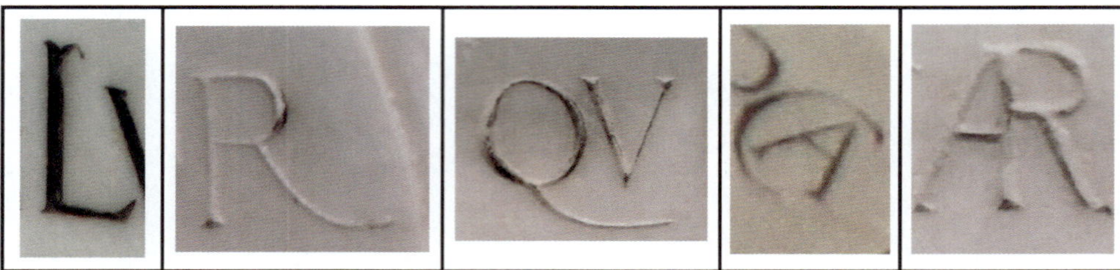

Fig. 38. Tabla de rasgos gráficos.

Por el contrario, otras inscripciones de este periodo muestran una escritura aún más conservadora y que sí pretende imitar casi a la perfección los rasgos gráficos propios de la epigrafía romana. En este sentido, y también ligada a la obra de la fábrica de la catedral destacamos el *monumentum aedificationis* de la torre de la Catedral (Fig. 39). La escritura de esta inscripción se configura siguiendo todos los rasgos canónicos de la capital humanística a fin de emular la epigrafía romana clásica: las formas capitales grabadas en sección biselada aparecen completamente individualizadas sin nexos, cruzamientos o letras insertas, ofrece una relación proporcional entre altura y anchura, utiliza el pigmento negro en el surco para destacar la escritura y la línea recta horizontal sobrepuesta como signo de abreviación. Solamente destaca el uso de interpunciones ornamentales al inicio y final de renglón como rasgo de originalidad.

Fig. 39. *Monumentum aedificationis* **de la Torre Campanario de la Catedral de Murcia.**

En otros espacios de la provincia localizamos con facilidad estos rasgos ortodoxos durante la primera mitad del siglo XVI, destacando el *monumentum restaurationis* del castillo de los Vélez en Mula y el *titulus propietatis sepultura* de Magdalena Cicada en Cartagena. Ambas nos muestran una capital humanística de evidente inspiración clásica, sin variaciones morfológicas, dimensiones proporcionadas, ausencia de nexos y letras inscritas, signo general mediante línea recta horizontal y punto triangular central como interpunción.

Estos rasgos caracterizan a una escritura capital humanística que está presente en inscripciones del conjunto a lo largo de todo el siglo XVI, pero, a partir de mediados de la centuria, comenzamos a percibir como las innovaciones aumentan tímidamente y anuncian su progresiva barroquización y 'desviación' de la norma[216] en una capital humanística plenamente consolidada como escritura epigráfica[217]. El primer testimonio en el que irrumpen de manera clara estas nuevas líneas evolutivas es el conjunto de *explanationes* e *invocationes* del retablo de 'San Juan en Patmos', datados a mediados de la centuria (c. 1540-1550) y atribuido a Juan de Vitoria[218]. La capital humanística de estas inscripciones se muestra menos rígida, emplea con frecuencia nexos y las letras se inscriben con facilidad unas dentro de otras. Recupera prácticas braquigráficas propias de tiempos medievales como la vírgula a final de palabra para -*us,* emplea cruzamientos (fenómeno que alcanza su máxima expresión en las filacterias de la predela de los Apóstoles, donde la escritura de las *invocationes* se retuerce y se cruza hasta el extremo para adaptarse al soporte curvo) e introduce algunas morfologías que rompen el canon humanístico como la B en forma de Б cirílica[219] (Fig. 40).

---

216 CASTILLO GÓMEZ, 2021: 252.

217 RAMÍREZ-SÁNCHEZ, 2012: 275.

218 La historiografía había atribuido este retablo a Andrés de Llanos, hermano menor de Hernando de Llanos, siguiendo a González Simancas sin ninguna justificación documental. Los estudios posteriores de Lorenzo Hernández Guardiola han permitido articular una hipótesis mediante análisis comparativos y estilísticos que atribuyen la obra al discípulo de Hernando, Juan de Vitoria o "maestro de Albacete", precisando su datación en la década de 1540. HERNÁNDEZ GUARDIOLA, 2017: 137-145.

219 Esta peculiar forma de B la localizamos también, como ya hemos indicado, en el conjunto prehumanístico de la capilla de los Vélez. véase FERNÁNDEZ MARTÍNEZ, 2018: 13-27.

FIG. 40. RASGOS GRÁFICOS DE LA CAPITAL HUMANÍSTICA EN EL CONJUNTO DEL RETABLO DE 'SAN JUAN EN PATMOS', ATRIBUIDO A JUAN DE VITORIA.

Entre las innovaciones del conjunto epigráfico del retablo destaca la irrupción de los rasgos humanísticos sobre las minúsculas en ámbito epigráfico (Fig. 41). Como señalábamos al comienzo de este apartado, el ciclo gráfico humanístico supone una reacción antigótica que recuperó la *littera antiqua* de los códices carolinos caracterizada, a grandes rasgos, por emplear formas redondeadas, fugas y astiles rectos y una búsqueda de la proporcionalidad[220]. Esta escritura que comenzó a introducirse en libros y documentos no encontró, empero, espacio en el ámbito publicitario dominado completamente por las minúsculas góticas durante el siglo XV. El nuevo escenario que abre la irrupción de las capitales humanísticas facilitó que estos alfabetos, del mismo modo que había hecho la gótica minúscula, se trasladaran al ámbito de las escritura publicitaria. Este fenómeno comenzó a producirse en algunos lugares de centro Europa de forma poco decidida a finales del siglo XV, hibridando sus rasgos con las góticas minúsculas dominantes, hasta alcanzar una posición dominante sobre la gótica en la segunda mitad del siglo

---

220 GALENDE DÍAZ, 1998: 211.

XVI[221]. Como ya hemos apuntado en el estudio de las escrituras góticas, estas formas híbridas son las que observamos en el retablo atribuido a Juan de Vitoria.

FIG. 41. *INVOCATIO* EN EL RETABLO DE 'SAN JUAN EN PATMOS' ATRIBUIDO A JUAN DE VITORIA.

Carecemos de estudios que aborden la aparición y el desarrollo de las minúsculas humanísticas en el ámbito epigráfico de la Península Ibérica de manera específica y exhaustiva. Por este motivo, resulta complejo enunciar afirmaciones sobre el impacto que tuvo en la epigrafía del siglo XVI en todo el territorio peninsular y sobre su relación con la gótica minúscula que continuaba empleándose y evolucionando gráficamente. El registro epigráfico manejado en este estudio, al menos, nos permite fechar su aparición en el territorio murciano en torno a la mitad del siglo XVI[222], manteniendo un uso muy reducido en el resto de la centuria (solamente cuatro inscripciones la utilizan). Siendo un campo todavía pendiente de abordar por la historiografía española, el conjunto murciano parece reflejar que la introducción de las minúsculas humanísticas en el ámbito epigráfi-

---

221 FUHRMANN, 1998: 102.

222 A tenor de las escasas investigaciones existentes al respecto, podemos fijar este periodo como la fecha provisional de su discreta aparición en el ámbito epigráfico. Véase CASTILLO GÓMEZ, 2021: 254-255.

co se realizó generando alfabetos híbridos[223], que, desde mediados del siglo XVI, combinaban rasgos góticos y humanísticos.

Como venimos diciendo, la humanística minúscula se encuentra infrarrepresentada en el conjunto murciano. Todas nos muestran una escritura de caracteres redondeados, astiles y caídos desarrollados verticalmente y las letras individualizadas que pocas veces recurren a nexos (exceptuando aquellos en letras que unen curvas como: AE, DE, ET y ST). Entre sus grafías características que nos permiten distinguirla de la gótica minúscula destacamos el uso preferente de la G humanística y la T que sobresale por la parte superior del renglón de escritura, el uso indistinto de la S de doble curva y la S de bastón. (Fig. 42).

RASGOS GRÁFICOS HUMANÍSTICOS EN LA ESCRITURA MINÚSCULA

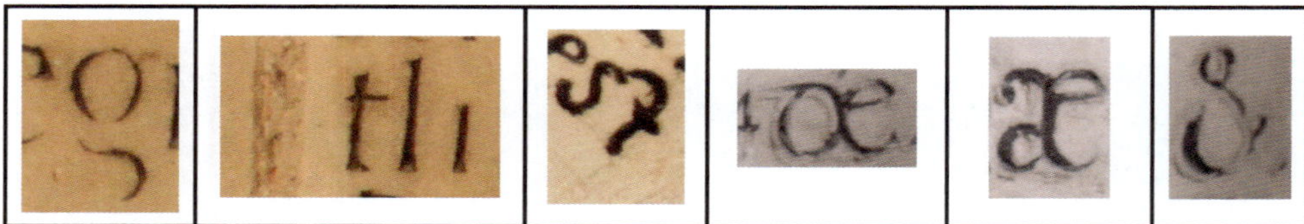

FIG. 42. TABLA DE RASGOS GRÁFICOS.

Retomando el estudio de las mayúsculas, la segunda mitad del siglo XVI nos presenta un grupo epigráfico en el que se consolidan los rasgos característicos de la capital humanística que venimos reseñando, al tiempo que comienzan a percibirse innovaciones que van a romper su rigidez e iniciar un proceso de barroquización. El uso de nexos, cruzamientos y letras inscritas aumenta de manera considerable (Fig. 43) como bien ilustran el *monumentum aedificationis* del concejo de Jumilla, el *monumentum aedificationis* de la fuente de Santa Catalina, el *decretum indulgentiarum* de la capilla del Corpus, el *monumentum aedificationis* de la Torre de Juan Giner y el *monumentum restaurationis* de la casa de los Cuatro Santos. Adicionalmente, algunas grafías comienzan a ofrecer una mayor variedad de formas, iniciar una nueva tendencia a la verticalidad y a introducir en su diseño trazos ornamentales, elementos figurativos o a integrar trazos geminados en el extremo. La incorporación de pigmentos en el trazo de las letras ya estaba generalizada a comienzos de la centuria, si bien, ahora aumentará la variedad de colores empleados, como el rojo y el dorado.

---

223 BORNSCHLEGEL Y EPP., en línea.

Fig. 43. Ejemplos del aumento del uso de nexos cruzamientos y letras inscritas en la capital humanística de la segunda mitad del XVI.

Estas innovaciones también propician que el alfabeto capital se abra a integrar una mayor diversidad en cuanto a variantes morfológicas de las letras que emplea. Si bien, el número no es significativamente alto, representa un cambio de tendencia a la escasez de variantes que observamos en la primera mitad de siglo.

La A introduce variantes como la versión con el trazo intermedio quebrado o ejecutada sin él (Fig. 44).

Fig. 44. Variantes de A en la capital humanística.

La B, como ya hemos señalado incluye la forma de forma de Б cirílica o B mi núscula agrandada (Fig. 45).

Fig. 45. Variantes de **B** en la capital humanística.

La D abre su trazo curvo separándolo del trazo vertical recto en la parte superior y, además, introduce la forma uncial (Fig. 46).

Fig. 46. Variantes de **D** en la capital humanística.

Encontramos un ejemplo de E en forma de épsilon o de 3 invertido (Fig. 46).

Fig. 47. Variante de **E** en la capital humanística.

La H aparece también con el travesaño en forma de medio yugo, orientado indistintamente hacia arriba o hacia abajo (Fig. 48).

Fig. 48. Variantes de **H** en la capital humanística.

Finalmente, la Z además de la forma de 3 que ya hemos descrito, también integra una versión en forma invertida (Fig. 49).

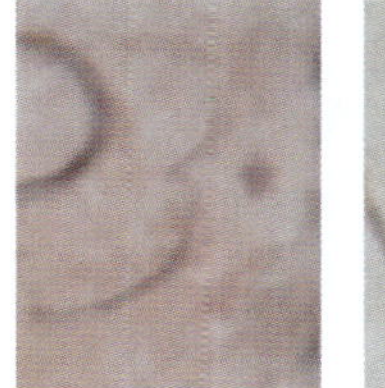

FIG. 49. VARIANTES DE Z EN LA CAPITAL HUMANÍSTICA.

Además de una mayor variedad en las formas alfabéticas, detectamos un aumento de los recursos ornamentales como la decoración vegetal introducida en las capitales de las *invocationes* en la ermita de la Concepción; la geminación en el extremo de los trazos que presentan la *explanatio clypei* de la composición heráldica de 'la Matrona' en el Almudí y en el *monumentum aedificationis* de la Fuensanta; y la prolongación exagerada de los trazos de R y Q hacia la derecha, perfectamente ejemplificado en el *epitaphium sepulcrale* de Julio Claro, o la introducción de novedosos elementos ornamentales, como el puntillado en el fondo del renglón de escritura que utilizan los conjuntos del retablo de Guadalupe y la escultura de San Juan Evangelista (Fig. 50). Por el contrario, la tendencia a la búsqueda de formas proporcionadas entre altura y anchura se mantiene de manera generalizada en todas las inscripciones del conjunto, salvo excepciones como el *titulus propietatis sepultura* de los herederos de Pedro Bienvengud (Fig. 51), con una humanística ligeramente alargada (de su estudio obtenemos una relación modular media de 1,5).

RASGOS NOVEDOSOS EN LA CAPITAL HUMANÍSTICA DE LA SEGUNDA MITAD DEL SIGLO XVI

FIG. 50. TABLA DE RASGOS GRÁFICOS.

Fig. 51. *Titulus propietatis sepultura* de **Pedro Bienvengud** como ejemplo de la renovada tendencia hacia la verticalidad.

Las abreviaciones (Fig. 52) emplean con bastante frecuencia el sistema de letra sobrepuesta en un módulo menor para indicar abreviaturas por contracción. El signo general empleado recurre mayoritariamente a las formas de línea horizontal, medio yugo o punto sobrepuestos. En escasas ocasiones adquiere forma de línea ondulada sobrepuesta. Los signos especiales que localizamos son la P partida para abreviar *per–* y el signo especial de *-us*.

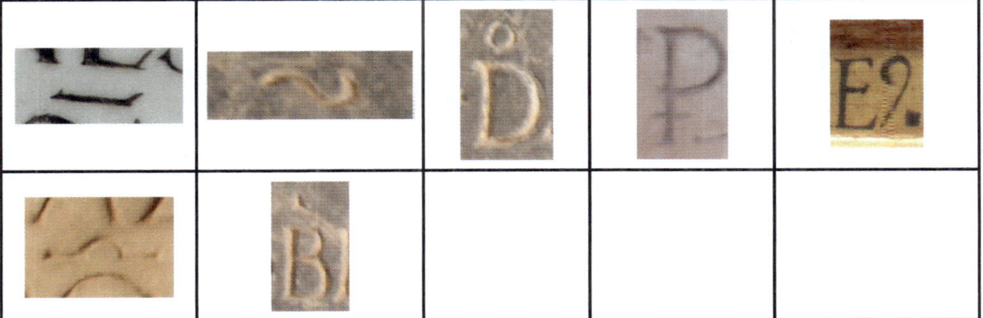

FIG. 52. SIGNOS GENERALES Y ESPECIALES DE ABREVIACIÓN Y PRÁCTICAS BRAQUIGRÁFICAS.

Finalmente, merece ser destacada la introducción de los números arábigos (Fig. 53) en la epigrafía del siglo XVI. Hasta el momento, los numerales venían expresándose mediante números romanos o a través de la formulación literal del cardinal y el primer testimonio de numeración arábiga en las inscripciones de la provincia de Murcia nos lo ofrece el *monumentum aedificationis* del castillo de Mula datado en 1524. Durante toda la centuria la numeración arábiga convive con la romana, aunque su uso aumenta progresivamente en la segunda mitad del siglo XVI.

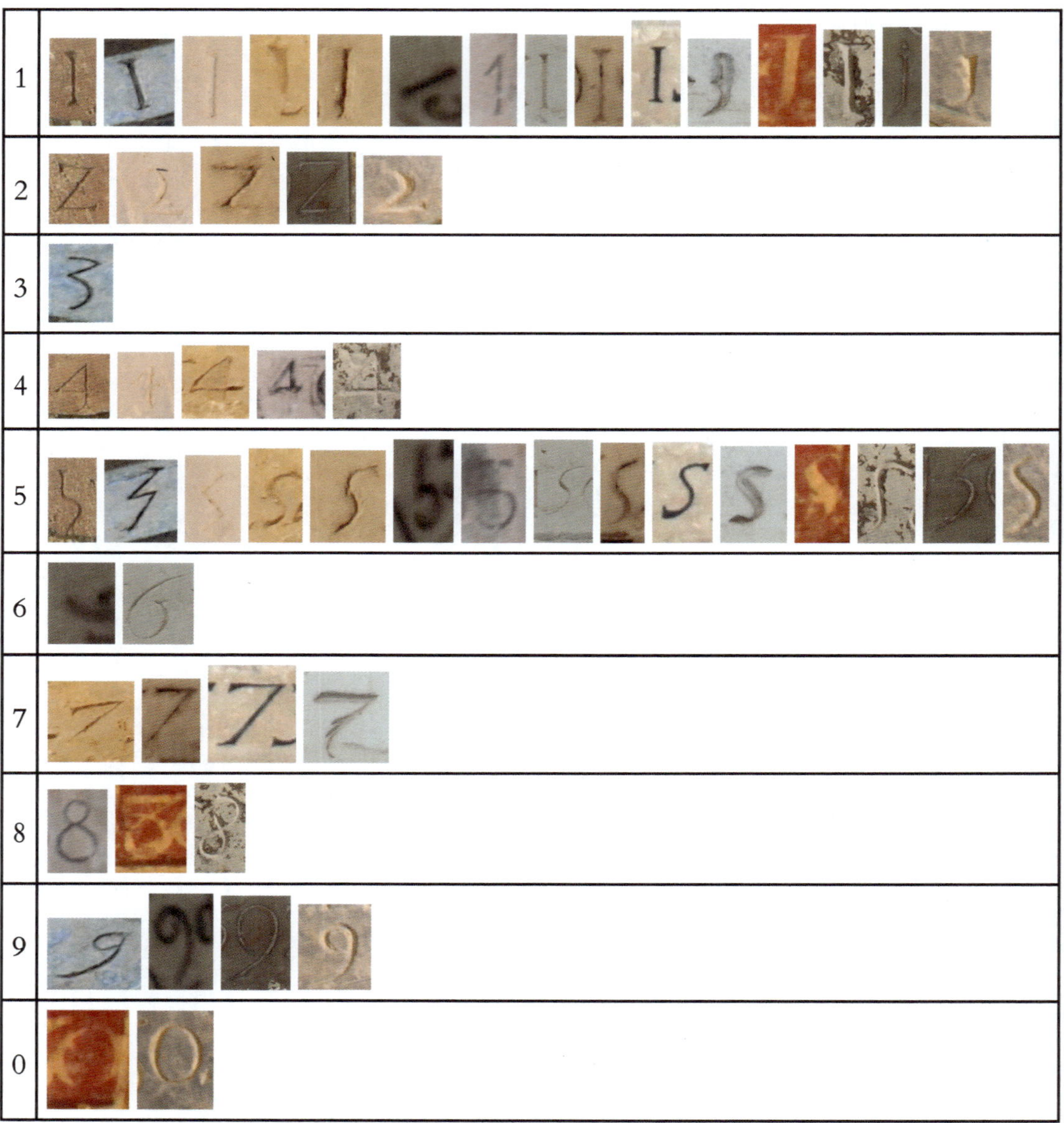

FIG. 53. TABLA DE NÚMEROS ARÁBIGOS EN LA EPIGRAFÍA DEL SIGLO XVI.

5. CONCLUSIONES

El estudio de la epigrafía del Renacimiento en Murcia nos ha ofrecido una serie de conclusiones y aportaciones que responden a los objetivos iniciales que habíamos marcado para este trabajo y, en algunos casos, trascienden al estudio de conjunto y pueden ser trasladadas a la epigrafía general. Este trabajo es, en definitiva, el producto de una forma concreta de entender el patrimonio epigráfico y el uso que las sociedades del pasado hicieron de este particular canal de comunicación basado en tres ejes de estudio fundamentales: el contexto, la función de las inscripciones y la escritura.

La singularidad de la epigrafía murciana radica en las propias circunstancias en las que fue concebida. La precariedad que caracterizó a la producción bajomedieval, desarrollada en su mayor parte por talleres ocasiones y ligados a la producción artística de fuera de la región, consolida unas tendencias que van a reproducirse en la epigrafía del Renacimiento, cuando los límites que imponía el contexto de frontera desaparezcan. Una vez desaparecidas las limitaciones de la frontera, el conjunto epigráfico estudiado comenzó a mostrar rasgos de normalidad y a desarrollar formas homologables a las de la producción epigráfica de otras partes de Europa occidental. Si bien, el volumen de inscripciones, la excesiva dependencia de la actividad arquitectónica y artística, y los rasgos materiales del conjunto son el reflejo de la producción de una región periférica y secundaria respecto a los grandes centros de creación cultural de su tiempo.

Como hemos señalado, comunicar mensajes epigráficos era una acción costosa que, en consecuencia, conllevaba privilegios. Por esta razón, los principales autores morales de la epigrafía murciana se sitúan entre las grandes instituciones de poder. La jerarquía eclesiástica de la diócesis de Cartagena, la monarquía, la nobleza, los concejos y la oligarquía urbana fueron los encargados de impulsar los mensajes epigráficos en este territorio. Con ellos, detectamos como de forma progresiva se ensancha el grupo social que participa del hábito epigráfico y, aunque tímidamente, se incorporan a él las familiar que ascendían socialmente a través de las instituciones de gobierno local.

Las pequeñas ciudades fueron el escaparate óptimo para exhibir inscripciones, especialmente en el interior de los templos. De todas ellas, la ciudad de Murcia y la Catedral de Santa María la Mayor son los lugares donde la actividad epigráfica fue más destacada. A medida que avanzaba el siglo XVI, podemos ver cómo las inscripciones comenzaron a buscar nuevos espacios en los que exhibirse, prefiriendo los muros exteriores de los edificios y las plazas públicas para dirigirse a audiencias más amplias.

Este contexto social y cultural específico determinó y definió las características materiales de las inscripciones. Nos encontramos, por tanto, ante un conjunto epigráfico caracterizado por la escasa variedad de los materiales utilizados. Entre los materiales pétreos, las calizas y mármoles de la zona y alrededores (canteras de Macael en la Sierra de los Filabres, Almería) prevalecen sobre cualquier posibilidad de heterodoxia. En un papel secundario, otros materiales como la madera y el metal aparecen en la producción epigráfica de los talleres artísticos.

El análisis paleográfico del conjunto ocupa un lugar central en nuestro estudio. Las conclusiones que obtenemos de él son especialmente interesantes para situar a las inscripciones murcianas en la historia de la escritura latina y comenzar a abordar el todavía inexplorado estudio en profundidad de la paleografía epigráfica del Renacimiento hispano. En este sentido, ofrecemos nuestra visión del fenómeno del multigrafismo bajomedieval extendido a la primera centuria de la Edad Moderna y que entendemos como consecuencia de las transformaciones culturales y sociales producidas en este periodo y de la consagración del valor como símbolo de la escritura expuesta.

A pesar de la irrupción de la escritura humanística y de su uso mayoritario, podemos observar cómo la coexistencia de alfabetos de distinta procedencia pervive en un contexto en el que la gótica minúscula mantiene una reducida producción y desarrolla su propia evolución morfológica. En el conjunto murciano, esta escritura abandona paulatinamente sus formas fracturadas e, influida por elementos humanistas, comienza a abrazar la curvatura y a hibridarse con elementos del nuevo canon escriturario. Con ella, convive en una posición casi anecdótica la minúscula humanística que manifiesta también la hibridación de sus rasgos con elementos góticos. El singular ejemplo de la escritura que la escuela alemana denomina *minuskel rotunda* es una prueba de la necesidad de profundizar en el estudio de la escritura expuesta en el primer siglo de la Edad Moderna.

La capital humanística, la primera escritura del grupo murciano, nos ofrece en nuestro estudio una evolución que tiende progresivamente a barroquizarse, a asumir formas propias de otros alfabetos, a incrementar el uso de recursos gráficos como nexos, cruzamientos y, en definitiva, a construir un canon de escritura propio y más complejo que la mera recuperación de las formas propias del alfabeto romano.

La composición tipológica del conjunto es extremadamente singular. Excepcionalmente, la epigrafía funeraria no ocupa la primera posición entre los mensajes comunicados y es superada numéricamente por las tipologías vinculadas a la producción artística. Este fenómeno particular es consecuencia del escenario que hemos descrito, en el que la actividad epigráfica está estrechamente vinculada a los talleres artísticos y a su producción. La incorporación del patriciado urbano al habito epigráfico en el siglo XVI reactivó este tipo de mensajes, que sin embargo no consiguieron romper la dependencia de la actividad artística y arquitectónica.

En general, los formalismos utilizados no son inusuales y ofrecen composiciones sencillas, breves, concretas y poco novedosas. Esto es un reflejo más de la posición periférica que siempre mantuvo la producción epigráfica de la región.

Por último, el estudio de la funcionalidad epigráfica y nuestras reflexiones sobre los objetivos comunicativos de las inscripciones completan nuestra aportación. Consideramos la inscripción como un objeto escrito concebido para ser visto y leído por comunidades humanas con una proyección temporal hacia el futuro. Aunque algunos sitios parecen buscar el efecto contrario, lo cierto es que su elección está condicionada por los objetivos específicos que el autor pretende alcanzar con estas inscripciones. Algunas de ellas están diseñadas para ser utilizadas en momentos puntuales, permaneciendo fuera del ojo humano una vez que se han producido, pero a la espera de reactivar esa comunicación publicitaria cuando sea necesario.

En definitiva, ofrecemos aquí una aproximación completa a un conjunto epigráfico del periodo moderno. Quedan, a partir de ella, numerosas cuestiones todavía por responder y los planteamientos humildemente ofrecidos en este trabajo serán, con toda seguridad, matizados y ampliados en el futuro a medida que las investigaciones en la epigrafía de este periodo continúen desarrollándose. Si bien, damos por cumplido el objetivo de adentrarnos y resaltar la importancia y la emergencia de acometer el estudio exhaustivo de la epigrafía del Renacimiento hispano para situarlo en condiciones de igualdad con otros periodos históricos de mayor interés, hasta el momento, para la ciencia de las inscripciones.

6. BIBLIOGRAFÍA

ANDREU PINTADO, J. (2009), *Fundamentos de epigrafía latina*. Madrid.

ANDÚJAR CASTILLO, F., DÍAZ LÓPEZ, J. P., ROTH, D. y BERNARD, V. (2021), *La palabra rescatada. La correspondencia del I marqués de los Vélez (1507-1546)*. Almería.

ANTOLINOS MARTÍN, J. A., SOLER HUERTA, B. y NOGUERA CELDRÁN, J. M. (2018), "La actividad extractiva en las canteras del entorno de Carthago Nova", en *Lapidum natura restat: canteras antiguas de la Península Ibérica en su contexto*. Barcelona, pp. 37-48.

BANTI, O. (2008), "Una scrittura epigrafica tra gotica e umanistica nei primi decenni del secolo XV, a Pisa", en *Virtute et labore, Studi offerti a Giuseppe Avarucci per i suoi settant'anni*, Spoleto: pp. 289-300.

BELDA NAVARRO, C. y HERNÁNDEZ ALBADALEJO, E. (2006), *Arte en la Región de Murcia. De la Reconquista a la Ilustración*. Murcia.

BORNSCHLEGEL, F. A. (1990), "Die Frühe Renaissance-Kapitalis in Augsburg", en *Epigraphik 1988. Fachtagund für Mittelalterliche und Neuzeitliche epigraphic*. Viena, pp. 217-225.

BORNSCHLEGEL, F. A. (2010), "Die gotische majuskel im deutschen sprachraum", en *Las inscripciones góticas, II Coloquio Internacional de Epigrafía Medieval. León del 11 al 15 de septiembre 2006*. León, pp. 203-236.

BORNSCHLEGEL, F. A. (2014), "Die epigraphische Schriftenwicklung in Rom – Das 15. Jahrhundert im überregionalen kontext", *Archiv für Diplomatik Schriftgeschichte Siegel- und Wappenkunde*, 60 pp. 253-292.

BORNSCHLEGEL, F. A. y RAMONA, E. (2006), *Die Inschriften der Stadt Passau*. Wiesbaden.

BROTÓNS YAGÜE, F. y RAMALLO ASENSIO, S. (2018), "Canteras antiguas en la cuenca de Caravaca (Caravaca de la Cruz-Región de Murcia-España)", en *Lapidum natura restat: canteras antiguas de la Península Ibérica en su contexto*. Barcelona, pp. 81-94.

CAMPANA, A. (2005), *Studi epigrafici ed epigrafia nuova nel Rinascimento umanistico*. Roma.

CANDEL CRESCO, F. (1968), *Un obispo postridentino: don Sancho Davila y Toledo (1546-1625*. Ávila.

CAÑIZARES GÓMEZ, M. J. (2021), *Iglesia, frontera y poder: el pleito del obispado de Orihuela entre la Corona de Castilla y la Corona de Aragón (siglos XIII-XVI)* (Tesis Doctoral, UAL). Alicante.

CASTILLO GÓMEZ, A. (2021), "«vos que sois lector…»". Usos gráficos y legibilidad en las escrituras expuestas del Renacimiento español", en *Escritura expuesta y poder en España y Portugal durante el Renacimiento: De la edición digital al estudio de la epigrafía humanística*. Madrid, pp. 227-268.

CASTILLO GÓMEZ, A. (2022), "Comunicación escrita y espacio público en la temprana Edad Moderna hispana", en *La corte y la sociedad cortesanaen el mundo hispánico (siglos XVI-XVIII)*, La Plata, pp. 361-385.

CEBRIÁN FERNÁNDEZ, R. (2000), *Titulum Fecit: La producción epigráfica romana en las tierras valencianas*. Madrid.

CHACÓN JIMÉNEZ, F. (1980), *Historia de la región murciana. Vol. V. La época de la expansión (1500-1590)*. Murcia.

COMPANY CLIMENT, X., FRANCO LLOPIS, B y PUIG SANCHOS, I. (2011), "La incógnita Llanos. Recuperando el arte de Hernando de Llanos a través de su Virgen con el Niño y dos ángeles de la Colección Laia Bosch", *Archivo de Arte Valenciano,* XCII, pp. 21-33.

DEBIAIS, V. (2009), *Messages de pierre. La lecture des inscriptions dans la communication médiévale (IIIe-XIVe siècle)*. Turnhout.

DEBIAIS, V. (2013), "Mostrar, significar, desvelar. El acto de representar según las inscripciones medievales", *Codex Aquilarensis,* 29, pp. 169-186.

DEBIAIS, V. (2017), "Writing in medieval doors: The surveyor angel on the Moissac Capital (ca. 1100)", en *Writing matters.* Heidelberg.

DEBIAIS, V. (2017), *La croisée des signes. L'écriture et les images médiévales (800-1200)*. Francia.

DÍAZ LÓPEZ, J. P., LENTISCO PUCHE, J. D., BELTRÁN CORBALÁN, D. y CASTILLO FERNÁNDEZ, J. (2007), *El marquesado de los Vélez: señorío y poder en los reinos de Granada y Murcia.* Murcia.

FAVREAU, R. (1997), *Épigraphie medievale.* Turnhout.

FAVREAU, R. (2022), "Les donateurs et leurs dépenses d'après les incritions (du IVe au XIIe siècle)", *Bulletin Monumental,* 180-3, pp. 195-208.

FERNÁNDEZ MARTÍNEZ, R. J. (2018), "La escritura prehumanística en la Murcia bajomedieval: un estudio epigráfico de la *explanatio clypei* del escudo de Chacón en la capilla de los Vélez", *Historia. Instituciones. Documentos,* 45, pp. 13-27.

FERNÁNDEZ MARTÍNEZ, R. J. (2021a), "Las invocationes en las campanas góticas de la Murcia bajomedieval. Aportaciones a la funcionalidad de la escritura publicitaria sobre objetos para la vida religiosa", en *De Scriptura et Scriptis. Consumir.* Murcia, pp. 583-598.

FERNÁNDEZ MARTÍNEZ, R. J. (2021b), "Publicitar la identidad. Las *explanationes clypei* y las inscripciones ligadas a la heráldica en la Baja Edad Media peninsular", en *Estudios sobre el patrimonio escrito.* Madrid, pp. 129-143.

FERNÁNDEZ MARTÍNEZ, R. J. (2022), "la capilla de los Adelantados Mayores en la Catedral de Murcia como ejemplo de comunicación propagandística del poder en la Baja Edad Media" en *La Comunicación Social en la Europa Medieval.* Madrid, pp. 63-82.

FERNÁNDEZ MARTÍNEZ, R. J. (2022), "la capilla de los Adelantados Mayores en la Catedral de Murcia como ejemplo de comunicación propagandística del poder en la Baja Edad Media" en *La Comunicación Social en la Europa Medieval.* Madrid, pp. 63-82.

FERNÁNDEZ MARTÍNEZ, R. J. (2023a), "el lenguaje heráldico desde el documento hasta monumento. Análisis del programa heráldico de la capilla de los Vélez" en *Monumentum/documentum. L'epigrafia come documentazione medievale.* Spoleto, pp. 171-180.

FERNÁNDEZ MARTÍNEZ, R. J. (2023b), "El trabajo epigráfico en la Catedral de Murcia en la transición de la Edad Media a la Edad Moderna (finales del s. XV – principios del s. XVI)", en *Praxis Epigráfica. Desarrollo en el tiempo y en el espacio.* Madrid, pp. 533-552.

FERNÁNDEZ MARTÍNEZ, R. J. y FRANCISCO OLMOS, J. M.ª de (2022), "La problemática génesis y tradición epigráfica del *epitaphium sepulcrale* del corazón de Alfonso X en la Catedral de Murcia (1526-1527)", *Hispania Sacra*, 74-150, pp. 427-440.

FERRAIUOLO, D. (2022), "Interpretare lo spazio, la scrittura, il contesto. Nuove ricerche di archeologia dei monasteri", en *La dimensione spaziale della scrittura esposta in età medievale. Discipline a confronto*. Spoletto, pp. 75-94.

FERRAIUOLO, D. (2022), *La dimensione spaziale della scrittura esposta in età medievale. Discipline a confronto*. Spoletto.

FERRAIUOLO, D. (2023), "Refleiones sobre los 'polos epigráficos' y la topografía de las inscripciones en los monasterios de la Alta Edad Media (siglos VIII-XII)", en *Monumentum/Documentum. L'epigrafía come documentazione medievale*. Spoleto, pp. 51-64.

FRANCISCO OLMOS, J. M.ª de (2020), "Metodología de la investigación heráldica" en *El patrimonio bibliográfico y documental. Diferentes metodologías de investigación, idénticos objetivos*. Madrid, pp. 43-74.

FRANCO SILVA, A. (1995), *El Marquesado de los Vélez (siglos XIV-XVI)*. Murcia.

FUHRMANN, H. (1998), "Die Humanistische minuskel in dem Lemgoer Inscrhiften", *Architektur Kunst und kulturgeschichte in Nord und Westdeutchland*, 8, pp. 102-116.

GALENDE DÍAZ, J. C. (1998), "La escritura humanística en la Europa del Renacimiento", *Espacio, Tiempo y Forma. Serie III (Historia Medieval)*, 11, 187-230.

GARCÍA LOBO, V. (1999), "La escritura publicitaria en la Península Ibérica. Siglos X-XIII", en *Inschrift und Material. Inschrift und Buchschrift. Fachtagung für mittelalterliche und neuzeitliche Epigraphik. Ingolstadt*. Múnich, pp. 151-190.

GARCÍA LOBO, V. (2001), "La epigrafía medieval. Cuestiones de método", en *Centenario de la Cátedra de Epigrafía y Numismática Universidad Complutense de Madrid, 1900(01-2000/01*. Madrid, pp. 77-119.

GARCÍA LOBO, V. (2010), "La escritura publicitaria", en *Las inscripciones góticas, II Coloquio Internacional de Epigrafía Medieval. León del 11 al 15 de septiembre 2006*. León, pp. 29-44.

GARCÍA LOBO, V. (2014), "El mensaje publicitario en la catedral medieval. Estrategias epigráficas", en *Lugares de escritura: la Catedral*. Valladolid, pp. 15-39.

GARCÍA LOBO, V. y MARTÍN LÓPEZ, M.ª E. (1995), *De Epigrafía medieval: Introducción y álbum*. León.

GARCÍA LOBO, V. y MARTÍN LÓPEZ, M.ª E. (1996), "La escritura publicitaria en la Edad Media: su funcionalidad". *Estudios humanísticos. Geografía, Historia y Arte,* 18, pp. 125-146.

GARCÍA LOBO, V. y MARTÍN LÓPEZ, M.ª E. (2011), "Las inscripciones diplomáticas de época visigoda y altomedieval (siglos VI-XII)", *Mélanges de la Casa de Velázquez,* 41-2, pp. 87-108.

GARCÍA MORILLA, A. (2015), *Corpus Inscriptionum Hispaniae Mediaevalium 1. Burgos (siglos VIII-XIII)*. León.

GARCÍA MORILLA, A. (2022), "El papel de la funcionalidad en la clasificación tipológica de las inscripciones: la concepción integral del monumento epigráfico. Un primer acercamiento". *Espacio, Tiempo y Forma. Serie III Historia Medieval,* 35, pp. 299-324.

GIMENO BLAY, F. M. (1983), "Capitales renacentistas. Libros humanísticos Representaciones de la cultura escrita en la pintura valenciana (ss. XV-XVI)", en *Segni per Armando Petrucci*. Roma, pp. 159-175.

GIMENO BLAY, F. M., (2005), *Admiradas mayúsculas. La recuperación de los modelos gráficos romanos*. Salamanca.

GIMENO BLAY, F. M., (2015), "Mirae antiquitatis litterae quaerendae. Poniendo orden entre las mayúsculas", en *Culturas del escrito en el mundo occidental. Del Renacimiento a la Contemporaneidad*. Madrid, pp. 19-32.

GIMENO BLAY, F. M., (2023), "Plura antiquitatis vestigia vidimus: viejas inscripciones, nuevas miradas", en *La escritura en los siglos XV y XVI. Una eclosión gráfica,* Madrid: pp. 11-39.

GONZÁLEZ BLANCO, A. (1998), "La romanización de la actual región de Murcia", en *Italia e Hispania en la crisis de la república romana*. Madrid, pp. 339-354.

HERNÁNDEZ GUARDIOLA, L. (2000), "Sobre Jerónimo de Córdoba (1537-1601), discípulo de Juanes", *Boletín del museo e instituto "Camón Aznar"*, 82, pp. 285-292.

IRIGOYEN LÓPEZ, A. (2001), "Aspectos eclesiásticos en la Murcia del emperador: el obispo y su cabildo", en *Carlos V. Europeismo y universalidad vol. V.* Granada, pp. 329-342.

JARA FUENTES, J. A. (1996), "Muerte, ceremonial y ritual funerario: procesos de cohesión intraestamental y de control social en la alta aristocracia del antiguo régimen (corona de Castilla, siglos XV-XVIII)", *Hispania*, 56/194, pp. 861-883.

JIMÉNEZ ALCAZAR, J. F. (2000), "En servicio del Rey, en servicio de la comunidad. Los comuneros en el reino de Murcia", *Murgetana*,103, pp. 33-42.

KLOOS, R. M. (1992), *Einführung in die Epigraphik des Mittelalters und der frühen Neuzeit*. Darmstadt.

KLOOS, R. M., (1958), *Die Inschriften der Stadt und des landkreises München*. Stuttgart.

KOCH, W. (1990), "Zur soggenannten frühhumanistischen kapitalis (diskussionsbeitrag)", en *Epigraphik 1988*. Viena, pp. 337-345

KOCH, W. (1996), "Inscripciones y estudios epigráficos de los países de lengua alemana", *Estudios humanísticos. Geografía, historia y arte*, 18, pp. 161-182.

KOCH, W. (2010), The gothic script in inscriptions. Origin, characteristics and evolution", en *Las inscripciones góticas, II Coloquio Internacional de Epigrafía Medieval. León del 11 al 15 de septiembre 2006*. León, pp. 9-28.

KOCH, W. (2017), "Die Frühhumanistische Kapitalis. Eine Epigraphische Schrift zwischen Mittelalter und Neuzeit im Umfeld Kaiser Friedrichs III", en *Der Kaiser und sein Grabmal1517-2017. Neue Forschungen zum Hochgrab Friedrichs III. im Wiener Stephansdom*. Viena, pp. 89-119.

KOCH, W. (2018), "Die rotunda in der Epigraphik", *Archiv für Diplomatik*, 64, pp. 397-419.

LLOP I BAYO, F. "San Rafael Mayor", *Inventario de campanas*, consultado el 28-7-2022, http://campaners.com/php/campana1.php?numer=5544.

LLOP I BAYO, F., "Campana de San Andrés", *Inventario de campanas,* consultado el 12-03-2023, http://campaners.com/php/campana1.php?numer=6267

LÓPEZ GONZÁLEZ, A. L. (2013), *Arquitectura Renacentista de Jerónimo Quijano,* (Tesis Doctoral, UAL). Alicante.

LÓPEZ SALMERÓN, E. J. (2017), *La creación de una ciudad: evolución urbanística de Cartagena,* (Tesis Doctoral, UAL). Alicante.

MARTÍN LÓPEZ, M.ª E. (2007), "Centros escriptorios en la provincia de Palencia", en *De litteris manuscriptis inscriptionibus. Festschrift zum 65. Geburtstag von Walter Koch.* Viena, pp. 203-222.

MARTÍN LÓPEZ, M.ª E. (2010), "La escritura gótica en las inscripciones", en *Paleografía II. Las escrituras góticas desde 1250 hasta la imprenta.* Oviedo, pp. 159-182.

MARTÍN LÓPEZ, M.ª E. (2014), "La escritura prehumanística en las inscripciones castellanas, aproximación a su estudio", en *Alma Littera: estudios dedicados al profesor José Manuel Ruiz Asencio.* Valladolid, pp. 397-407.

MARTÍN LÓPEZ, M.ª E. (2019), "La epigrafía como instrumento de publicidad en los monasterios medievales", en *Instrumentos de publicidad espiritual y material en los monasterios mediecales.* Aguilar de Campoo, pp. 201-232.

MARTÍN LÓPEZ, M.ª E. (2020), "Las inscripciones medievales del claustro de la Catedral de Roda de Isábena (Huesca). Aproximación a su taller lapidario", *Espacio, Tiempo y Forma. Serie III. Historia Medieval,* 33, pp. 333-364.

MARTÍN LÓPEZ, M.ª E. (2021), "Quisquis Ades. Actores y factores en la epigrafía funeraria medieval", en *Migravit a seculo. Muerte y poder de príncipes en la Europa medieval: perspectivas comparadas.* Madrid, pp. 609- 644.

MARTÍN LÓPEZ, M.ª E. y GARCÍA LOBO, V. (2009), "La epigrafía medieval en España. Por una tipología de las inscripciones" en *VIII Jornadas Científicas sobre Documentación de la Hispania altomedieval (siglos VI-X)* Madrid, pp. 185-214.

MARTÍNEZ ENAMORADO, V. (2009), *Inscripciones árabes de la Región de Murcia.* Murcia.

MARTÍNEZ LÓPEZ, J. A., NOGUERA CELDRÁN, J. M., MADRID BA-LANZA, M. J. y MARTÍNEZ PERIS, I. (2014), "Las defensas de la Cartagena renacentista: evidencias arqueológicas recientes de las murallas de Carlos I y Felipe II", *Anales de Prehistoria y Arqueología*, 30, pp. 179-204.

MENOR NATAL, E. (2023), *Corpus Inscriptionum Hispaniae Mediaevalium. 8. Toledo (ciudad) (siglos X-XV)*. León.

MESTRE NAVAS, P. A. (2022), *Corpus Inscriptionum Hispaniae Mediaevalium. 7. Sevilla (siglos VIII-XV)*. León.

MOLINA DE LA TORRE, F. J. (2017), *Corpus Inscriptionum Hispaniae Mediaevalium 3. Valladolid (siglos X-XV)*. León.

MOLINA MOLINA, A. L. (1976), "Mercaderes genoveses en Murcia durante la época de los Reyes Católicos (1475-1516)", *Miscelanea Medieval Murciana*, 2, pp. 277-312.

MOLINA MOLINA, A. L. (2014), "De mudéjares a moriscos: el ejemplo de Murcia", *Murgetana*, 131, pp. 187-202.

MOLINA PUCHE, S. y ORTUÑO MOLINA, J. (2009), *Los grandes del reino de Murcia: los marqueses de Villena, caída y auge de una casa aristocrática*. Murcia.

MONTOJO MONTOJO, V. (1993), *El siglo de oro en Cartagena (1480-1640)*. Murcia.

MONTOJO MONTOJO, V. (1993), *El siglo de oro en Cartagena (1480-1640): evolución económica y social de una ciudad portuaria del sureste español y su comarca*. Murcia.

MORALES FOLGUERA, J. M. y HENARES CUÉLLAS, I. (2008), *Las sibilas en el arte de la Edad Moderna, Europa mediterránea y Nueva España*. Málaga.

MURCIA MUÑOZ, A. J. (2018), *La Catedral Vieja de Cartagena. Una visión desde la arqueología. Cuadernos monográficos Museo del Teatro Romano*. Cartagena.

OLIVARES TEROL, M. J. (1994), *El cabildo de la catedral de Murcia en el siglo XVI (la escribanía y audiencia episcopales)*. (Tesis doctoral, UM), Murcia.

OLIVARES TEROL, M. J. (2003), "Los obispos de la diócesis cartaginense durante el siglo XVI y sus relaciones con el cabildo catedralicio", *Murgetana*, 109, pp. 47-65.

PEÑA FERNÁNDEZ, A. (2019), *Corpus Inscriptionum Hispaniae Mediaevalium 5. Cantabria (siglos VIII-XV)*. León.

PEREIRA GARCÍA, I. (2020), *Corpus Inscriptionum Hispaniae Mediaevalium 6. La Rioja (siglos VIII-XV)*. León.

PETRUCCI, A. (1979), "Funzione della scrittura e terminologia paleográfica", en *Paleographica, Diplomatica et Archivistica. Studi in onore di Giulio Batteli*. Roma, pp. 3-30.

PETRUCCI, A. (1980), *La Scrittura. Ideologia e rappresentazione*. Turín.

PETRUCCI, A. (1988), "L'antiche e le moderne carte: *imitatio* e *renovatio* nella reforma grafica umanistica". En *Renaissance- und humanisten handschriften*. Múnich, pp. 1-12.

PETRUCCI, A. (1999), *Alfabetismo, escritura, sociedad*. Barcelona.

RAMÍREZ-SÁNCHEZ, M. (2012), "La tradición de la epigrafía antigua en las inscripciones hispanas de los siglos XV y XVI", *Veleia*, 29, pp. 255-278.

REDER GADOW, M. "Vivencia de la muerte en el antiguo régimen", *Baetica: estudios de Historia Moderna y Contemporánea*, 9, pp. 347-356.

RODRÍGUEZ LLOPIS y GARCÍA DÍAZ, I. (1994), *Iglesia y sociedad feudal: el cabildo de la Catedral de Murcia en la Baja Edad Media*. Murcia.

RODRÍGUEZ LLOPIS, M. (2008), *Historia general de Murcia*. Córdoba.

RODRÍGUEZ SUÁREZ, N. (2009), "Fórmulas diplomáticas en las inscripciones medievales redactadas en romance", *Espacio, tiempo y forma. Serie III, Historia Medieval*, 22, pp. 301-329.

RODRÍGUEZ SUÁREZ, N. (2010), "Paleografía epigráfica: la transición hacia la letra gótica minúscula en las inscripciones españolas", en *Las inscripciones góticas. II Coloquio Internacional de Epigrafía Medieval. León del 11 al 15 de septiembre 2006*. León, pp. 469-479.

RODRÍGUEZ SUÁREZ, N. (2012), "Un repaso a través de los conceptos de epigrafía e inscripción", *Documenta et Instrumenta*, 10 , pp. 147-154.

RODRÍGUEZ SUÁREZ, N. (2016), *Corpus Inscriptionum Hispaniae Mediaevalium 2. Salamanca (siglos VIII-XV)*. León.

RODRÍGUEZ SUÁREZ, N. (2020), "La escritura prehumanística en España: novedades sobre su cronología", en *De scriptura et scriptis: producir*. León, pp. 61-76.

RODRÍGUEZ SUÁREZ, N. (2021), "La pervivencia de la escritura mayúscula en las inscripciones del siglo XV", en *Estudios sobre el patrimonio escrito*. Madrid, pp. 79-96.

RUIZ LÓPEZ, J. I. (2017), "El Renacimiento en el Reino de Murcia", en *Signum. La gloria del Renacimiento en el Reino de Murcia*. Murcia, pp. 13-29.

SÁNCHEZ PRAVIA, J. A. (2009), "El Claustro de la Catedral de Murcia, del olvido a la reivindicación", en *Los imaginarios de las tres culturas*. Murcia, pp. 225-242.

SÁNCHEZ PRIETO, A. B. y DOMÍNGUEZ APARICIO, J. (2004), "Las escrituras góticas" en *Introducción a la paleografía y la Diplomática General*. Madrid, pp. 111-148.

SANTIAGO FERNÁNDEZ, J. de (2000), *La epigrafía latina medieval en los condados catalanes (815-circ. 1150)*. Madrid.

SANTIAGO FERNÁNDEZ, J. de (2002), "Las inscripciones medievales: Documentos al servicio del poder político y religioso", en *I Jornadas sobre Documentación jurídico-administrativa, económico-financiera y judicial del reino castellano-leonés (siglos X-XIII)*. Madrid, pp. 93-128.

SANTIAGO FERNÁNDEZ, J. de (2003), "La epigrafía bajomedieval en Castilla", en *II Jornadas Científicas sobre Documentación de la corona de Castilla (siglos XIII-XV)*. Madrid, pp. 247-276.

SANTIAGO FERNÁNDEZ, J. de (2015), "El hábito epigráfico en la ciudad hispana: de Roma al Renacimiento", en *Lugares de escritura: la ciudad*. Zaragoza, pp. 133-170.

SANTIAGO FERNÁNDEZ, J. de (2015), "Epigrafía y ciudad en el medievo hispano", *Espacio, Tiempo y Forma. Serie III (Historia Medieval)*, 28, pp. 515-537.

SANTIAGO FERNANDEZ, J. de (2016), "Oraciones por la salvación del alma. El obituario en piedra del monasterio de Sant Pau del Camp en Barcelona", *Anuario de Estudios Medievales*, 46/2, pp. 939-973.

SANTIAGO FERNANDEZ, J. de (2020), "Método y fuentes en los estudios epigráficos", en *El patrimonio bibliográfico y documental. Diferentes metodologías de investigación, idénticos objetivos.* Madrid, pp. 13-42.

SANTIAGO FERNÁNDEZ, J. de y FRANCISCO OLMOS, J. M.ª de (2018) *Corpus Inscriptionum Hispaniae Mediaevalium. 4. Guadalajara (1112-1499).* León.

SOLER HUERTAS, B. (2005), "El travertino rojo de Mula (Murcia). Definición de un mármol local", *Verdolay. Revista del Museo Arqueológico de Lorca,* 9, pp. 141-164.

SOLER HUERTAS, B. y ANTOLINOS MARÍN, J. A. (2022), "Jaspes, travertinos y brechas del cuadrante sureste de la Península Ibérica. Materiales con valor patrimonial", en *La vida de la piedra. La cantera y el arte de la cantería histórica.* Madrid, pp. 128-133.

SOLER HUERTAS, B., ANTOLINOS MARÍN, J. A., ESPÍN DE GEA, A. y ROMERO SÁNCHEZ, G. (2021), "Las canteras históricas de la Sierra de Carrascoy (Murcia). Estudio preliminar del área extractiva de Mayayo", *Geo-temas,* 18, pp. 958- 961.

STEININGER, C. (2023), "Multigraphism in southern Germany and Austria", en *La escritura en los siglos XV y XVI. Una eclosión gráfica.* Madrid, pp. 57-96.

SUSINI, G. (1982) *Epigrafía romana.* Roma.

TREFFORT, C., (2009), "De l'inscription nécrologique à l'obituaire lapidaire: la mémoire comme signe d'appartenance à la communauté (ixe-xiiie s.)", en *Civis/civitas: cittadinanza politicoistituzionale e identità socio-culturale da Roma alla prima età moderna.* Montepulciano, pp. 117-140.

VERA BOTÍ, A., SÁNCHEZ ROJAS FENOLL, M. C., PEÑA VELASCO C. DE LA, PASCUAL MARTÍNEZ, L. Y ESBERT ALEMANY, R. M. (1994), *La Catedral de Murcia y su plan director.* Murcia.

VESCOVI, M. L. (2019), "Inscribing Presence. Script, Relics, Space in Salerno Cathedral", en *Sacred scripture / Sacred space. The interlacing of real places and conceptual spaces in medieval art and architecture.* Berlín, pp. 137-164.